Ahmad Milad Karimi

Maradona und das göttliche Spiel

AHMAD MILAD KARIMI

MARADONA

und das göttliche Spiel

WARUM DAS WESENTLICHE UNVERFÜGBAR BLEIBT
ODER
VON DER POESIE DES LEBENS

PATMOS VERLAG

VERLAGSGRUPPE PATMOS

PATMOS
ESCHBACH
GRÜNEWALD
THORBECKE
SCHWABEN
VER SACRUM

Die Verlagsgruppe
mit Sinn für das Leben

MIX
Papier | Fördert gute Waldnutzung
FSC® C014496
www.fsc.org

Klimaneutral
Druckprodukt
ClimatePartner.com/14549-2003-1001

Die Verlagsgruppe Patmos ist sich ihrer Verantwortung gegenüber unserer Umwelt bewusst. Wir folgen dem Prinzip der Nachhaltigkeit und streben den Einklang von wirtschaftlicher Entwicklung, sozialer Sicherheit und Erhaltung unserer natürlichen Lebensgrundlagen an. Näheres zur Nachhaltigkeitsstrategie der Verlagsgruppe Patmos auf unserer Website www.verlagsgruppe-patmos.de/nachhaltig-gut-leben

Verlagsgruppe Patmos in der Schwabenverlag AG, Ostfildern
www.verlagsgruppe-patmos.de

Umschlaggestaltung: Finken und Bumiller, Stuttgart
Umschlagabbildung: Foto Ahmad Milad Karimi © Privat.

Gestaltung und Satz: Schwabenverlag AG, Ostfildern
Druck: GGP Media GmbH
Hergestellt in Deutschland
ISBN 978-3-8436-1412-2

Für

Alejandro und Juan Carlos

»Wer alles durchschaut,
sieht nichts mehr.«

C. S. Lewis

Inhalt

Vorwort

Ich will es nicht verbergen. Dieser Essay ist ein Eingeständnis und ein Plädoyer. Er ist ein Plädoyer für die Poesie, für den Zauber des Lebens, für die schwere Schönheit menschlicher Erfahrung, der Begegnung und Welterschließung. Und ein Eingeständnis meiner Faszination von Maradona, dem Magier der Unverfügbarkeit, und für den verspieltesten Versuch eines indirekten Gottesbeweises. Es geht um die Erinnerung einer kindlichen Seele, um Zerbrechlichkeit menschlicher Existenz, um schwache Hoffnung. Und immer ist Maradona gegenwärtig, als Spieler, als Gauner, als Mensch – mit einem dunklen Rest.

Was haben wir im Griff? Die globale Pandemie? Unsere Geburt, unser Leben, unsere Liebe, unser Glück, unseren Tod? Und was ist uns verfügbar? Die Dinge, die uns umgeben? Oder kommen sie um, wie Rainer Maria Rilke anmahnt,[1] wenn wir sie in der Eindeutigkeit und Verfügungsgewalt einfangen, beherrschen, gebrauchen?

Der Essay geht der Frage nach, warum und inwiefern das Wesentliche, unsere Liebe, unser Glück, unser qualitativer Lebensvollzug, einen Tanz der Unverfügbarkeit darstellt, warum Leben poetisiert ist, wenn wir den Sinn dafür kultivieren, dass wir selbst Sehnsucht sind.

Die Gabe der Unverfügbarkeit scheint das Versprechen in sich zu tragen, eine Gegenwart zu gestalten, die in der Gelassenheit ihren Grund findet, im Vertrauen zwischen

Mensch und Mensch, im Widerstand gegen den transparenten Menschen von morgen, der alles beherrscht, alles verfügbar gemacht hat, alles durchdringt und alles durchschaut, alles durchherrscht und alles besitzt, aber seine Poesie, sein Geheimnis verloren hat.

Unverfügbarkeit dynamisiert das Leben. Verfügbarkeit hingegen stabilisiert das Leben. Scheinbar. Ihr Schein, ihre Funktion zeigt sich darin, dass sie Halt hervorbringt, aber einen Halt ohne Haltung, während die Unverfügbarkeit Haltung stiftet, wo nichts haltbar ist. Die Haltung selbst ist nicht haltbar; sie lässt sich nicht konservieren. Was ist der Unterschied eines Reisenden zu einem Touristen? Reisende suchen Haltung, Touristen sind auf der Jagd nach Halt, nach dem, was sich darbietet, einem Foto, das einer Erinnerung wert ist. Reisende dagegen suchen sich selbst, suchen das Eigene im Fremden, wollen kein Foto, in dem sie und die Attraktion zu sehen sind, wodurch das Eigene vor dem Fremden festgehalten wird, sondern sie wollen das Eigene ins Fremde stellen. Sie lassen sich nicht vor dem Fremden ablichten, sondern suchen das Licht des Fremden. Wer Haltung sucht, muss die Offenheit besitzen, jedem (scheinbaren) Halt zu trotzen.

Sinn und Offenheit für das Unverfügbare lässt die geteilte Poesie des Lebens aufscheinen, wie ein Kuss, ein verstohlener, der nicht nimmt, was er nicht gibt: das Leben teilen. Maradona küsste den Ball und der Ball machte ihn dankbar. Vielleicht ist dies das Wesentliche: Dankbarkeit.

Ahmad Milad Karimi

1
Maradona

»Ich fragte: ›Wie lange währt das Leben der Rose?‹
Die Knospe vernahm es und lächelte nur.«
Mīr

Alles begann mit der »Hand Gottes« und ein bisschen mit Maradona. Jedenfalls hat nicht die Theologie, die sich mit der Frage befasst hat, ob Gott tatsächlich eine Hand haben kann oder diese Vorstellung als Anthropomorphismus abzulehnen sei, die Idee der »Hand Gottes« kultiviert, sondern der aus einfachen Verhältnissen stammende Fußballer Diego Armando Maradona. Die »Hand Gottes« und Maradona haben eine tiefe Gemeinsamkeit: Sie sind streitbar. Und doch ist uns nichts unverfügbarer, unerklärlicher als diese Hand, die es nicht geben kann, zuweilen nicht geben darf und doch gewirkt zu haben scheint. Und Maradona? Der italienische Filmregisseur Paolo Sorrentino, der bei dem feinsinnigen Film *The Hand of God* (2021) Regie führte, ist überzeugt, dass man Maradona »nur durch unsere Beziehung zum Göttlichen begreifen« kann. Denn Maradona kam nicht zur *Società Sportiva Calcio Napoli*, sondern, so Sorrentino, er erschien dort wie ein Gott.

Meine Kindheit habe ich in Kabul verbracht, ich kenne den Krieg, soweit man ihn überhaupt kennen kann. Ich habe die Hand Gottes nicht gesehen, doch ich sah Maradona. Es war Poesie. Es war magischer Realismus, nicht als Text, nicht als Kunstwerk, sondern als Erscheinung, als Spiel. Er besaß Aura, denn an ihm konnte ich zwischen dem Eigentlichen und Uneigentlichen unterscheiden. Was aber war uneigentlich? In meinen kindlichen Augen: der Krieg. Zugleich gehörte der Krieg zu meiner kindlichen Welt. In dieser Welt war Fußball keine Sportart, sondern eine subtile Form der Gegenwartsbewältigung. Fußball war in Kabul beliebt. Gewiss hat man sich mehr über Fußball gestritten als über die religiösen Fragen. Am Fußball hat sich alles entschieden, weil dieses Spiel im Unterschied zum Krieg eine gerechte Ordnung besaß. Der Sommer 1986 in Kabul war bestimmt von der Fußball-Weltmeisterschaft und dem Streit um den großen Maradona. Ich war sieben Jahre alt und verbrachte meine gesamte Freizeit mit dem Fußball.

Nicht selten wurde ich der »kleine Maradona« genannt, weniger wegen meiner Fähigkeiten, die kaum vorhanden waren, als vielmehr wegen meiner lockigen, wuscheligen Haare. Als ich Maradona zum ersten Mal am Bildschirm sah, konnte ich spüren, wie er mein Herz eroberte. Maradona beförderte den Ball mit dem Fuß nach oben, und der Ball klebte gleichsam an seinem Kopf, dabei hatte er keinerlei Regung im Gesicht. Alles erschien leicht, sanft. Er strahlte eine Art stille Größe aus. Aber in ihm war zugleich eine Wucht, eine unbändige Kraft an Trauer sichtbar, sodass Fußball in seiner Gegenwart wie eine Kunst der Leidbewältigung aussah. Während andere Spieler vor dem Spiel miteinander gezielte Aufwärmübungen machten, jonglierte Maradona einfach nur mit dem Ball, alleine, als wollte er den Ball zähmen. Genau genommen tanzte der Ball um ihn herum. Diese gegenseitige Hingabe zwischen ihm und dem Ball hatte eine eigene Ästhetik, die auf mich wie ein himmlisches

Ritual wirkte, mit Leichtigkeit und Rhythmus die Fußballgeister herbeizuschwören. Und plötzlich waren all diese Geister in seinen Augen sichtbar, zu denen gewiss auch Dämonen gehörten.

Fortan habe ich nichts anderes getan, als mit dem Ball zu jonglieren, ob zu Hause, auf dem Schulweg, draußen vor der Tür oder während wir uns wieder einmal im Keller wegen eines Raketenangriffs der sogenannten Mujaheddin aufhielten. Der Keller ließ meine Welt schrumpfen. Der Sog des pulsierenden Lebens hörte plötzlich auf. Ich stellte mir vor, nicht im Keller zu sein, sondern im Tunnel der Fußballarena. Doch der Lärm der Raketen und Bomben lassen keinen Raum für Kinderfantasien. Im Dunkeln zu jonglieren habe ich dann als Übung begriffen, aber dafür war der Keller zu eng, die Angst, selbst dort getroffen zu werden, viel zu groß. Mir blieb allein, den Ball festzuhalten, ganz fest, als würde ich mich an ihm halten, an all den Hoffnungen, die er einem Kind im Krieg spendete. Als Kind war mir die bedrückende Last des Krieges und was alles mit ihm verlorengehen kann, nicht bewusst, aber die Stimmung des Krieges, diese immer gegenwärtige Gefahr, die Angst, selbst direkt, also leiblich getroffen zu werden, verriet den unendlichen Verlust eines einzigen Augenblicks. Ich meine diesen einen Augenblick, der einem Kind geraubt wird, weil es um sein Leben bangen muss. Mir war es so, als würde Maradona all dies sehen, den Weltschmerz ein- und ausatmen. In seinem höchst poetischen Film *Youth* (2015) (Deutscher Titel: »Ewige Jugend«) zeigt der Regisseur Paolo Sorrentino diesen Maradona. Wir sehen einen unheimlich übergewichtigen Mann, der kaum spricht, sondern entweder Autogramme verteilt oder mit dem Tennisball jongliert, um im nächsten Augenblick künstlich beatmet zu werden. Er atmet ein und aus, aber die Schwere des Lebens weitet diesen einen Augenblick ins Unendliche aus.

Diese Öffnung zum Schmerz, den Maradona aus seinen ärmlichen Verhältnissen in sich versammelte, war die offene Lyrik seiner Gegenwart. Er scheiterte nicht nur an einem Gegner, am Rasen, am Ball, am Torwart; vielmehr sah er seinem Scheitern zu. Dies erzeugte in ihm ein doppeltes Leid, indem er bei seinem Scheitern mit sich selbst litt und dem Augenblick, an dem er scheiterte – und genau dies machte ihn so nahbar.

Deshalb bangten wir nicht nur um die Lieblingsmannschaften, sondern auch davor, dass der Strom während des Spiels abgeschaltet wurde. Ich wusste genau, der eigentliche Feind des Fußballs ist der Krieg. Denn der Krieg macht alles verfügbar und zugleich unbedeutend, indem er alles zerstört, entwertet. Vor dem Auge des Krieges sind wir alle Verlierer. Aber der Fußball war das Spiel der Hoffnung, eine kleine Lebenspoesie. Und Maradona spielte die Hauptrolle. Es war die Unverfügbarkeit des Balls, die Maradona verkörperte. An keinem Zeitpunkt konnte man am Bildschirm erahnen, was geschehen würde, wenn er den Ball am Fuß hatte. Er spielte nicht bloß Ball, an Maradona geschah Fußball. Daher verkörperte er für mich den Akt der Unverfügbarkeit, eben die »Hand Gottes«.

Von der »Hand Gottes« ist nicht nur in der Bibel vielfach die Rede, sondern auch im Koran. Wer eben den Koran nicht wörtlich, sondern ernsthaft begreift, fragt sich, was diese Hand bedeutet. Symbolisiert sie die göttliche Wirkmächtigkeit, Gerichtsbarkeit oder den göttlichen Schutz, wenn es im Koran einmal heißt,[2] dass die Hand Gottes über den Händen der Menschen ruht, die sich Gott zuwenden? Was auch immer die »Hand« symbolisieren mag, es bleibt die Frage offen, warum hier überhaupt von der »Hand« die Rede ist, wenn Hand nicht im wörtlichen Sinn als Hand gemeint sein kann. Ist die Hand Gottes genannt, ohne dass diese Hand mit einer Hand, wie wir sie uns vorstellen, vergleichbar wäre, dann hätten wir nichts davon, dass wir in der Schrift »Hand« lesen. Es wäre eben, semantisch betrachtet, ein leerer Begriff. Wie kann aber eine Offenbarung eine leere Botschaft vermitteln, wenn sie sich nicht als ein absurdes Kunstwerk darbietet? In welcher Wendung auch immer scheint die Rede von der »Hand Gottes« eine Herausforderung darzustellen, weil sie uns nicht verfügbar ist – wie aus dem Koran zu hören ist: Seine Hand ruht über unseren Händen, aber nicht umgekehrt.

In meiner Kindheit inmitten des Krieges suchte ich immer wieder nach dieser »Hand«. Ich suchte sie inmitten der Ruinen, inmitten eines Raketenangriffs, in den Augen meiner Mutter, im Seufzer meines Vaters, im ständig gestörten Spiel meiner kleinen Schwester. Doch nirgends habe ich sie gefunden. Habe ich sie im Falschen gesucht? Ist der Krieg ein Zeichen der Abwesenheit Gottes? Oder hat sich seine Hand gewandelt? Mal war sie Licht über uns, nun war sie reine Finsternis. Ich hatte meinen Himmel, meinen blauen Himmel; er war der Topos meiner Kindheit. Aber vertrösten konnte er uns nicht lange. Allein der Schein aber genügte, um nicht zu verzweifeln. Der blaue Himmel über Kabul wirkte jedenfalls wie eine Fassade, eine Requisite einer pervertierten Realityshow, die selbst die Hand des Ewigen vereinnahmt hat. Der Himmel spendete Hoffnung, aber selbst ich als Kind wusste, dass diese Hoffnung vergangen war, bevor sie uns erreichte. Als die Mujaheddin Anfang der 90er-Jahre des letzten Jahrhunderts Kabul eroberten, beschossen sie für mehrere Stunden diesen blauen Himmel –

als Zeichen ihrer Freude und ihres Sieges. Es wirkte wie ein Feuerwerk, und der große Lärm raubte uns den Schlaf. Die Geste sprach für sich. Wer den Himmel angriff, griff das Höchste an. Darin zeigte sich ihre Selbstnegation: dass sie im Namen Gottes auftraten, um diesen Namen zu entweihen. Der Himmel wehrte sich nicht. Damit war er entzaubert, denn er war wie wir: verletzlich.

Doch an seiner Verletzlichkeit war die Anfälligkeit der Welt spürbar. Der Trost kommt nicht von außen, nicht von oben, nicht und wieder nicht. Heute weiß ich, dass dieser Lärm der Schrei des Himmels selbst war, weil er damit entblößt wurde. Er konnte keine Hoffnung spenden, kein Vertrauen geben, dass endlich alles gut werde. Nichts war gut und nichts wurde gut, sondern immer etwas weniger gut. Schon lange war dieser Himmel gezeichnet gewesen. Schon lange hatte der Krieg Menschen und ihre Erinnerungen, ihre Träume mit seiner Willkür zugrunde gerichtet. Der Krieg unterscheidet sich von einem Auftragsmord dadurch, dass der Krieg nebenbei und willkürlich Atem stilllegt. Menschen starben vor meinen kindlichen Augen nicht nur durch gezielte Angriffe, sondern auch durch Splitter oder einfach, weil sie dort waren, dort lebten, wo eine Bombe hochging oder eine Rakete eintraf. Wenn der Himmel entschwindet, wenn der Urtext zerreißt, verliert sich die Kindheit unmerklich. Der Krieg nimmt die Kindheit hinweg. Nicht plötzlich verweht sie vom Krieg, sondern im Übergang von jetzt und jetzt.

Ich glaubte an Gott und an seine Hand, weil sie dazugehörten, aber redete nie auf ihn ein. Vielleicht hielt ich mich deshalb zurück, weil ich nicht wusste, ob diese Hand zu meinem Leben gehörte oder zu dieser Fassade, die fordert, dass es einen Gott gibt, dessen Hand auf mir ruht. Hatte ich hinter dem blauen Himmel einen großen Gott vermutet? War mein Glaube verzerrt durch das Prisma des Krieges?

Im Krieg gefriert die Zeit. Nichts bewegt sich. Keine Wiederkehr ist in Sicht, weil im Grunde nichts geschieht, nichts weitergeht. Alles wartet auf ein Aufatmen, doch jede Ruhe, jede Angriffspause wirkt trügerisch. Darin besteht die eigentliche Bedrohung des Krieges, dass er die innere Landschaft der Menschen einnimmt, die Gärten der Hoffnung zermalmt. Im Keller war der Himmel für uns nicht sichtbar. Das Dunkle, die trügerische Ruhe machte den Himmel gestaltlos und in einem kindlichen Sinne machtlos. Ich konnte nur den Ball in meinen Händen fühlen, nur an einen gekrümmten Himmel in meinen Händen glauben.

Am Abend, wenn wieder einmal Maradona mit verzerrtem Gesicht scheiterte, im Alleingang ein Tor zu erzielen, sah er meinen Himmel an, beschwor ihn, schüttelte verzweifelt seine Hände in seine Richtung, ja er gab erneut unserem Schmerz Ausdruck, aber indem er den Himmel anklagte, machte er ihn wieder existent. Ich fühlte seinen Schmerz, ich fühlte, dass es hier nicht um ein Tor, einen Sieg ging, nicht um Prämien und Ruhm. Hier ging es um alles und, wenn man seinen Blick nach oben richtig deuten konnte, um das, was mehr ist als alles. Maradona spielte um die Wiederbelebung, um die Erfindung des Himmels. Er gab mir keinen Trost, weil er keine prophetische Figur war, sondern ein Spieler. Als dieser Spieler konnte er eine Erfahrung herbeiführen, die mich in Berührung mit dem brachte, was ich verloren glaubte: die Erde. Sein Spiel wirkte »weder subjektiv noch objektiv zufällig«[3], wie auch Schiller das Spiel begriff. Maradona war in meinen Augen ein Spieler, der nicht die Suche nach Transzendenz verkörperte, nicht nach Hilfe von oben verlangte, sondern eine absolut schöne

Transzendenzerfahrung, ein ästhetisches Wohlgefallen erden konnte. Im Spiel entfaltete er die Erdung des Himmels, die Immanenz des Heiligen. Ich sah Maradona am Ball und wollte nur eines: dass er nicht berührt werde, dass er vollzieht, was sich an ihm ereignet.

Doch Maradona fiel und fiel. Und jedes Mal, wenn er sein Gesicht festhielt, weil er erneut brachial gefoult wurde, blieb mir der Atem stehen. Seine Ferne, dass er nur eine Figur auf dem Bildschirm war, weit entfernt, jenseits aller Verhältnisse, die mein Leben in Kabul bestimmt haben, machte ihn zu einer nahen Person. Denn er war eben nicht Teil dieser Wirklichkeit, die kein Kleid unbefleckt ließ. Der Krieg nimmt alle in Mitleidenschaft. Maradona war mir nahe, weil er mit dem Ernst und Schmerz spielte, die all das in sich versammelt, was uns im Krieg unbedingt anging: In jedem Augenblick stand alles auf dem Spiel. In jedem Augenblick konnte alles entschieden sein, und nichts, was von Bedeutung ist, war uns verfügbar.

Maradona fiel und fiel. Er dürfte zu den am meisten gefoulten Spielern der Fußballgeschichte zählen. Da lag er wieder voller Schmerz. Wessen Schmerz verkörperte er in diesem Augenblick? Selbst sein Schmerz war intensiver, eindringlicher, nahbarer als bei den anderen. In meinen Augen, was sich aber auch durch seine tragische Biographie bestätigt hat, schien er ein einsamer Mensch zu sein, ein Individuum, das selbst bei diesem Mannschaftsspiel vereinzelt blieb. Das ist eine Lehre, die ich durch den Krieg erfahren musste: Der Krieg vereinzelt, weil er jeweils, das heißt in jedem einen eigenen Schmerz erzeugt, eben jene Erfahrung, die prinzipiell nicht kommunikabel ist. Demnach fragmentiert der Krieg den Menschen. Roger Willemsen erinnert in Bezug auf die »fragmentarische Selbstbeschreibung« an den Dramatiker

Friedrich Hebbel, der einmal in seinem Tagebuch schrieb: »Der Finger, der schmerzt, individuiert sich. Können wir nicht in diesem Sinne die Schmerzen Gottes sein?«[4]

Als Spieler zeigte Maradona Schmerz. Doch dieser Schmerz wirkte größer als der übliche Schmerz bei einem Foulspiel. Sein Leid, sein verzerrtes Gesicht, die Weise, wie er sich zusammenrollte, durchbrachen die Wand des Bildschirms. Denn sein Schmerz war zugleich die Frage danach, warum es überhaupt diesen Schmerz gibt. Damit war nicht der partielle Schmerz spürbar, sondern vielmehr die Fragwürdigkeit einer Welt, die den Schmerz hinnahm. Nicht anders habe ich in Kabul Mütter weinen gehört, die beklagten, warum ihre Kinder gestorben sind. Die Anklage wäre absurd, wenn man sie als eine einfache Frage begreifen wollte, denn Kinder sterben, wenn sie dort sind, wo eine Rakete eintrifft. Die Anklage war aber die Frage danach, warum es überhaupt diese Welt gibt, in der es möglich ist, dass Kinder so sterben müssen. Somit steht das Sosein der Welt in Frage, die als Frage mich bereits als Kind tief betroffen gemacht hat. Vielleicht ist aus dieser Betroffenheit, dass ich nie wieder die Gesichter dieser Mütter vergessen kann, dass nie wieder ihre Stimmen mein Ohr verlassen, die Haltung entstanden, mit Gott zu hadern. Ihn nicht sein zu lassen, sondern durch seine Hand verstehen zu wollen, was diese Welt, die »unendlichen Spiele der Welt«[5], dieses Leben soll. Oder sind wir nichts als Spielzeuge Gottes, nichts als »Marionetten der Götter«[6], wie es bei Platon heißt?

Maradona suchte den Schmerz, indem er sich nicht zurücknahm, nicht liegen blieb, sondern immer wieder aufstand. Seiner inneren Dramatik nach betrachtet ist dieser Schmerz der Ausdruck des Spieles selbst. Der Fußball als Spiel machte somit das Leben, das in Kabul so unerträglich war, nicht unfühlbar, nicht betäubt oder vergessen. Das Spiel hat keine anästhetische Seite. Vielmehr wandelte sich, wie es Nietzsche auffasste, das Leben selbst in Spiel um. Es erweckte die Lust am Leben, den Sinn für die Bejahung des Widerstandes. Denn solange der Schmerz fühlbar war, solange sich kein Gleichgültigkeitsgefühl über das Leben legte, um es zu verdecken, konnte der Krieg nicht das letzte Wort haben. Mit Maradona wurde fühlbar, warum das Spiel nicht »eine in sich geschlossene Welt«[7] darstellt, indem er durch die Schönheit seines Spiels die Schranken des Spiels überwand, eben wie Schiller es ausdrückte, zur Freiheit wanderte.[8] Ich sah Maradona und begriff, worin die Lebenspoesie bestand: ein Kind, das spielt.[9]

Für uns Kriegskinder bedeutete die Freiheit allein die stillen Augenblicke zwischen den Raketenangriffen. Sie sind aber unregelmäßig, bringen somit den gewohnten Gang des Lebens aus seinem Rhythmus heraus. Afghanistan war für mich ohnehin eingeengt, weil die Grenzen der Stadt für mich die Grenzen der Welt bedeuteten. Kabul als unser Lebensspielfeld wurde immer unbewohnbarer, unsicherer, gefährlicher. Jedes Mal, wenn wir das Haus verließen, nahmen wir auch Abschied voneinander, weil es nicht gewiss war, ob wir uns erneut wiedersehen würden. Das Haus zu verlassen war kein selbstverständlicher Ausdruck des Alltags, sondern das Aufscheinen eines Risses, der sich mit dem Krieg ins Leben einschreibt. Hier ging nicht bloß der Alltag verloren, die Wiederholbarkeit der Lebensrituale; vielmehr verabschiedete sich das Heimisch-Sein selbst. Dieser Riss ließ kein neues Heimisch-Sein entstehen, nicht dort, nicht auf der Flucht, nicht als Flüchtling und gewiss auch nicht mehr danach. Darin könnte die Irreversibilität des Kriegs liegen. Der Krieg bleibt, denn der Riss, genauer: die Risse, die er hervorbringt, sind nicht äußerlich, weil der Krieg nicht allein alles Materielle zerstört, alles Errichtete destruiert. Der Krieg ist produktiv am Werk, er erschafft Bilder, formt Erinnerungen, die den Menschen einnehmen, weil jedes Bild, jede Erinnerung eine eigene Leere darstellt – inmitten von Riss und Riss und Riss. Diese Intensität war für mich nicht fassbar, denn es fühlte sich wie ein Spiel an, sicherlich wie ein absurdes Spiel, dem wir nicht entkommen konnten, aber dessen Regeln wir auch nicht beherrschten. Das Perfide an diesem Spiel, wie ich es als Kind erlebt habe, bestand darin, dass es »ein Werden und Vergehen, ein Bauen und Zerstören, ohne jede moralische Zurechnung«[10] war. Es war kein Spiel zwischen Gut und Böse, sondern immerfort ein böses Spiel, bei dem wir verlernt haben, zu differenzieren, weil die Sphären verschwommen sind. Der Krieg macht von innen blind, weil er keine Anschaulichkeit zulässt, alles ist diffus, ungelöst, taub, eben unbestimmt. Verlierer waren alle, wir alle, aber dieses Gefühl war niemals intensiver als in dem Augenblick, als wir erneut einen Angriff, einen Raketenangriff, einen Bombenanschlag überlebten. Wir verloren nicht unser Leben, aber die Poesie des Lebens, die Leichtigkeit, die Süße, das unerwartete Lächeln.

Ich begriff früh, dass nicht der Tod dem Leben entgegengesetzt ist. Es war das Leben selbst, wenn es sich immer mehr entleert, immer leichter und entblößter wird. Dies ist die exakte Geschichte des Kriegs, die das Leben unendlich einengt, sodass es in sich selbst implodiert. Wenn das Überleben alles ist, was für das Leben zählt, das nackte Leben, dann wird das Leben zu einem Transit, einem ungewissen Übergang, an dem wir keinen Anteil mehr haben, sondern in dem wir bloß existieren, das Leben führen und bewahren. Überleben kann deshalb auch kein Trost sein, sondern es hat eine eigene Schwere, die wir schuldbeladen Tag für Tag spürten. Am Überleben stirbt das Lebendige, weil es nicht einfach, unbeschwert lebt, sondern um dieses Leben bangt und sich nicht erklären kann, warum es lebt, während andere sterben.

Überlebende der Kriege haben allein die Gewissheit, dass sie die Vorletzten sind. Hier wird nicht dem Tod getrotzt, triumphierend, dass er uns nicht berühren konnte. Vielmehr nimmt das Leben sein Scheitern in sich auf. Wenn aber das Überleben alles bedeckt, dann ist aus diesem Sog kein Entkommen in Sicht, weder nach außen noch nach innen. Das Leben degradiert zum Kampf, aber auch nicht selten zu einem Egozentrismus, weil es immer auch um das eigene Überleben geht.

Insofern war Maradona für mich mehr als eine Metapher. Denn sein Spiel hatte nichts vom Überleben, vom einfachen Bestehen. Das Scheitern bedrohte nicht das Leben, sondern das Leben war diesem (großen) Scheitern ausgeliefert. Es gab für ihn kein außerhalb des Spieles, keine Pressekonferenz, keine Shows, sondern nur das Jetzt des Spiels. Außerhalb des Spiels spielte er einen Superstar, der nahezu ausschließlich in Verfehlungen verwickelt war. Aber wenn er Fußball spielte, war er unverkennbar Maradona. Und ich war in diesen Bann einbezogen. Denn sein Spiel am Ball war vielmehr ein Ringen mit dem Leben, als würde er dem Leben selbst dann einen Sinn geben, wenn alles den Anschein erweckt, es ginge allein ums Überleben. Im dritten Viertelfinale dieser Weltmeisterschaft von 1986 trafen am 22. Juni Argentinien und England aufeinander. Es war ein Spiel, das selbst vor dem Hintergrund des Falklandkrieges vier Jahre zuvor den Unterschied zwischen Leben und Überleben nicht ausblenden konnte. Argentinien verlor letztlich den Krieg mit großen

Verlusten. Hier standen sie sich erneut gegenüber. Es war aber nur ein Spiel. Ich sah Maradona. Und ich sah ihn ständig fallen. Es wollte nichts klappen. Die Trauer in meinen Augen muss so auffällig gewesen sein, dass nach 50 Minuten meine Familie begann, mich zu trösten. Die Trostworte kannte ich aber gut, die sich zwischen »alles werde gut« und »es sei nur ein vorrübergehendes Spiel« bewegten. Doch dann wollte Maradona mir diesen leeren Trost nicht mehr zumuten. Ich wusste, dass er mich ansah. In der 51. Minute nahm er den Ball, setzte sich gegen vier Spieler durch, der Ball sprang hoch und nach einer furiosen Bogenlampe fiel er über den vor ihm stehenden englischen Torwart. Maradona sprang, und der Ball war drin. Es geschah so plötzlich, dass anstelle von Freude, einen kurzen Augenblick alles stillstand, der Atem stockte. Es konnte einfach nicht sein. Als wäre das Tor von der Hand Gottes selbst erzielt worden, blickten alle ungläubig hin und waren doch ergriffen, diese Unmöglichkeit soeben erlebt zu haben. Unmittelbar danach wussten die Kommentatoren, die Slowmotions, alle Fußballexpert:innen, dass es ein irreguläres Tor war, bei dem Maradona den Ball mit der Hand ins Tor beförderte. Doch die Vollendung dieses Augenblicks bestand in seiner Gebrochenheit. Für dieses Tor stand Maradona nicht auf der Erde. Er stieg dafür himmelwärts in die Höhe, hob seine zur Faust geballten Hand, um den Ball zu berühren. Als würde er nicht selbst das Ereignis steuern, nahm er das Tor hin. Als er nach dem Spiel gefragt wurde, wie er diese Situation sah, kommentierte er: »Es war ein bisschen Maradonas Kopf und ein bisschen die Hand Gottes« *(la mano de Dios).* Insofern wird er seit dieser Aussage durchgängig falsch wiedergegeben, er hätte von der »Hand Gottes« gesprochen. Aber er sprach erstens von einem Zusammenspiel und zweitens von »ein bisschen«. In diesem unerhörten »ein bisschen« ist die gesamte Poesie des Lebens eingeschrieben. Wenn sich alles verdunkelt, die Hoffnung entschwindet, die Rede von Gott und Erlösung keine Überzeugung mehr aufzeigt, ist dieses »ein bisschen« da. Ein bisschen. Die Trauer in meinen wachen kindlichen Augen war nicht verflogen, sondern prägte sich mir ein, sodass sie heute noch sichtbar ist. Sie nahm vielmehr mein Inneres ein, das immer den ganzen Gott, den großen Glauben gesucht hat, aber im »ein bisschen« grenzenlosen Glauben, verdichtetes Leben fand.

Drei Minuten später schoss Maradona ein Tor, indem er im Alleingang sieben englische Spieler elegant und blitzartig umspielte. Ein Tor, das bei einer Abstimmung der FIFA zum schönsten Tor der WM-Geschichte gewählt wurde und als Jahrhunderttor zählt. Wie das vorige Tor alle ungläubig zurückließ, so war (auch) dieses Tor nicht von dieser Welt. An dieser Diskontinuität einer Person, eines Spielers, der uneinholbar das Überleben ins Leben übersetzte, die »Hand Gottes« gleichsam zweimal sichtbar machte, schien für mich die Diskontinuität des Lebens selbst auf. Mit diesem Maradona war das Leben, das für mich in Kabul inmitten eines in die Länge und Tiefe gezogenen Krieges anfing, zu einem Lebenspassepartout zu erstarren, allein in Brüchen fassbar. Unvergesssen ist mir eine Geste Maradonas nach diesem zweiten Tor. Nach dem Tor und dem üblichen Jubel ist er für einen flüchtigen Augenblick allein. Maradona läuft zum Spielfeld zurück und er seufzt. Unvergessen ist mir dieser Seufzer, der still von allem erzählt, was die Unverfügbarkeit des Lebens zu bieten hat: Im Leben gewinnen wir nicht, das Leben führt letztlich zu nichts, alles Leben bedeutet Abschied und nicht selten Schmerz, aber während wir verlieren, während der Krieg den Frieden besiegt, das Herz bricht, während einem alles hinweggenommen wird, sind »ein bisschen« Maradonas Herz und »ein bisschen« die Hand Gottes genug, um zu erkennen: Das Leben ist schön, aber selten.

2
Der Seufzer

»Der Seufzer des Erkennenden. – ›Oh über meine Habsucht! In dieser Seele wohnt keine Selbstlosigkeit – vielmehr ein alles begehrendes Selbst, welches durch viele Individuen wie durch *seine* Augen sehen und wie mit *seinen* Händen greifen möchte, – ein auch die ganze Vergangenheit noch zurückholendes Selbst, welches nichts verlieren will, was ihm überhaupt gehören könnte! Oh über diese Flamme meiner Habsucht! Oh, daß ich in hundert Wesen wiedergeboren würde!‹ – Wer diesen Seufzer nicht aus Erfahrung kennt, kennt auch die Leidenschaft des Erkennenden nicht.«
Friedrich Nietzsche

Es gibt diese flüchtigen Augenblicke, nahezu unsichtbar, aber werden sie einmal erkannt, dann lassen sie einen nicht mehr los. Oder lassen wir sie nicht los? Der Seufzer von Maradona gehörte für mich zu diesen Momenten. Er platzte aus ihm heraus, wie plötzlich das Schöne, das Verborgene aufscheint, in Erscheinung tritt, ohne das eigene Zutun. War er ein Herzensruf, der sich nicht in Worte kleiden ließ? Entgegen der Auffassung von Karl Marx, dass die Religion »der Seufzer der bedrängten Kreatur«[11] sei, ist der Seufzer bei Maradona kein Ausdruck des elenden, jammernden

Menschen. Er ist aber auch nicht als ein Aufatmen oder bloße Erleichterung zu verstehen. Der Seufzer verdichtet das Innere, ohne es zu verstellen. Bei jedem Atemholen schwingt der Aufstieg und der Niederfall des Ganzen mit. In ihm verdichtet sich das Leben, weil der Seufzer Überleben in Leben verwandelt. In diesem Sinne scheint der Seufzer vom Leben selbst zu erzählen, indem er nichts sagt, nur selten hörbar ist, aber zum Innehalten einstimmt.

Ich kann mich an eine Fahrt erinnern, die eben zu meinem Innen gehört. Es war eine Busfahrt mit vielen Flüchtlingen, die in Almaty, also in Kasachstan, von einem verlassenen Haus zum Flughafen fuhren. Unsere Familie war Teil dieser Gruppe. Es müsste gegen 5 Uhr morgen gewesen sein. Es war noch dunkel. Und ich saß mit 14 Jahren am Fenster. Wir alle wollten einfach nur am Flughafen ankommen und mit unseren gefälschten Pässen die Sicherheitskontrolle überstehen. Auf der Fahrt, auf der niemand ein Wort sagte, sah ich aus dem Fenster und erkannte unscharf an der Fensterscheibe mein Gesicht – und im Hintergrund andere verschwommene Gesichter. Gesichter hinter Gesichtern, als wollten sie alles Verlorene, alle Narben und Wunden unkenntlich machen, die sich aber in die Gesichter eingegraben hatten. Ich sah den Schrecken der Vergangenheit, die Hoffnung auf eine Zukunft, die Unsicherheit der Gegenwart, ich sah das Gesicht, das mein verzerrtes Spiegelbild war. Ich sah das Bild, aber ich sah nicht mich, sondern mich als Teil einer unbestimmten Gemeinschaft, einer größeren Wirklichkeit. Als würde ich mein gesamtes Leben in einem Augenblick sehen, saß ich bloß da, und zugleich war mir so, als wäre mir mein eigenes Leben entzogen, und ich seufzte.

So erkennt der Mann mit dem alten Gesicht in Wolfgang Borcherts berührender Kurzgeschichte *Die Küchenuhr,* die zur sogenannten Trümmerliteratur gehört, an der um halb drei stehengebliebenen Uhr, dass seine Mutter immer um diese Uhrzeit in der Nacht für ihn aufstand, um ihm Essen zu machen. Während er dies für »selbstverständlich« hielt, empfindet er es jetzt als das »Schönste«: »daß es das Paradies war. Das richtige Paradies«.[12] Die untaugliche, kaputte Uhr als Reliquie der Erinnerung zeigt dem Protagonisten zugleich den eigentlichen Sinn des Lebens, der den verborgenen Wert einer Geste hervorhebt. Sie war ihm in ihrer ganzen Fülle verborgen geblieben, aber überdauerte in ihrer Unverfügbarkeit die Zeit, um sinnstiftend auf ihn einzuwirken. Die vergehende Zeit lässt sich nicht anzeigen, aber dadurch wird der Blick für das eröffnet, was sich nicht durch den gewohnten Zeitablauf entdecken lässt.

Das uns bestimmte Leben steckt in keinem Diktat, keinem Dogma oder Regelwerk. Es ist meist in einem Dazwischen, im Vorbeigang, in diesen unendlichen Augenblicken verborgen, die wir nicht wahrnehmen, die uns nichts bedeuten. Die Zwischenzeit im Wartezimmer einer Praxis, die Zwischenzeit bei einer Schlage an der Kasse oder die Zwischenzeit, die wir am liebsten weglöschen würden, wenn wir nach der Landung eines Flugzeugs noch sitzen bleiben müssen. Sie wirken deshalb so lebensunwürdig, weil sie uns nichts zu geben scheinen, weil wir das Leben nur zu gerne auf feste Ankerpunkte fixieren, als würde das Leben einem tabellarischen Lebenslauf genügen müssen. Die Kultur des punktuellen Lebens verhindert die Dynamik des Lebens, die allein entschleunigt wahrnehmbar wird.

Wir fragen nach dem letzten Urlaub, aber nicht der langen Busfahrt zum Flughafen. Sie scheint öde zu sein. Das ist sie auch. Aber wir waren Teil dieser Langeweile. In dieser Langeweile haben wir geatmet, geträumt, flüchtig geflirtet,

Plattenbauten am Stadtrand wahrgenommen, dem lauten Radio des Busfahrers gelauscht, den Streit eines Ehepaares mitbekommen oder die stille Zustimmung zweier Liebender, die unmerklich ihre Hände streicheln, mit einem Lächeln verinnerlicht. Die Betrachtungen sind unwiederholbar, einmalig, aber vor allem unverfügbar. Letztlich und wesentlich ist der Seufzer eine Verneigung vor dem Leben selbst, eine Bekundung der Hingabe vor der Unverfügbarkeit dessen, was an uns geschieht, was wir geschehen lassen. Mit seinem Seufzer trauert Maradona nicht, feiert nicht sich selbst; vielmehr staunt er über das Sosein des Lebens, an dem er Anteil hat, das er selbst ist.

Dagegen scheint das touristische Foto vor dem Wahrzeichen einer Stadt wie eine Leugnung des Lebens. Erstarrt stehen wir da, als wollten wir eine ungezählte Kopie aller Menschen, die zuvor dastanden, wiederholen. Und diese Orte selbst wirken so, als wollten wir sie hinter uns lassen. Die Idealisierung des Großen, des Monumentalen entzieht dem Leben seinen Geist, darauf fixiert, schläfert sich das Leben selbst ein. Am Wahrzeichen, am Monumentalen, am Erstarrten der Orte und Ereignisse entzieht sich die Möglichkeit des erzählten Lebens. Allein erzählte Leben können am Leben teilhaben und Anteil geben. Erzählend dringt man ins Leben durch, das ungeschönt und ungeschminkt, von Mangel und Verletzlichkeiten, von Leerstellen und Langeweile erfüllt ist. Ein Leben, das seine Brüche, seine Schwäche, seine Widersprüche mit dem Leben eines anderen in Berührung bringt, sich als Leben-Teilen und Lebensmitteilung vollzieht, gewinnt an Poesie.

Die Erzählung muss eben eine am Seufzer entlang geführte Erzählung sein, eine Erzählung, die fragmentarisch bleibt, die alles Leben nicht auf eine Idee, eine Botschaft reduziert, um es möglichst optimiert aufleuchten zu lassen, sondern Zwischenklänge, Zwischenräume, Zwischenzeiten erlebt und erlebbar macht. Als ich durch den Krieg und die Flucht über Jahre nicht die Schule besuchen konnte, war ich mir sicher, dass ich viel verpasse. Bildung, Wissen, Erkenntnis, die allen anderen nahezu selbstverständlich zuteilwird, war mir nicht möglich. Nicht die Angst, dies alles zu verpassen, war meine eigentliche Angst, sondern das Leben zu versäumen: dass sich alles unverfügbar anfühlte. Innerlich betete ich, dass alles wieder so werde, wie es einmal war. Aber nichts kam wieder zurück. Alles kam anders, mit eigenem Rhythmus, eigenem Tempo und mit eigener Führung. Das Schöne und zugleich Bittere ist dabei die Einsicht, dass das Leben eine radikale Dauer hat, sodass wir viel in ihm versäumen können, aber es selbst nicht zu versäumen ist. Ich lernte also in diesen Jahren der Schulfreiheit vom Meister selbst, ohne es als eine Lektion wahrgenommen zu haben. Nie zuvor und nie danach war mir das Leben so transparent, so nackt gegeben wie in dieser Zeit. Ich musste mich in dieser Zeit an mich gewöhnen, an meine Ungeduld, meine Ängste und an meinen Willen. Ich wiederholte physikalische Gesetze, mathematische Regeln, literarische Eigenheiten, um das Inventar aller Inhalte, die ich vom Leben erhalten hatte, nicht leichtfertig vergessen zu lassen. Doch in ihnen allen nistete das Vermeintliche, an dem wir uns so sehr festhalten, als würden sie das Leben abbilden. Das Eigentliche aber bestand im Warten selbst und im Verzicht, was ich aber erst Jahre später begriffen habe.

Das Leben weitete seine Zwischenräume aus, dehnte seine Zwischenzeit aus, um mich mit blassen Strichen innerlich zu formen, aber mit Brüchen, mit Fragen und Klagen. Die Entbehrungen sind leben-füllend, weil sie von innen nach außen hervorstechen, einem ins Gesicht geschrieben sind und im Seufzer hörbar werden. Erneut muss ich an den Mann mit dem alten Gesicht denken, den Borchert mit dem drastischen Widerspruch skizziert, dass er erst zwanzig Jahre jung war. Allein am Gang sei seine Jugend erkennbar. Und doch widerspricht das alte Gesicht dem Gang.

Ein Seufzer versammelt Leben jenseits seiner Chronologie und Errungenschaften; er ist die Stille im Lärm, das Zwischen im Lauf der Zeit, das Warten vor dem Erreichen. Das Leben steckt nicht in dem, was wir für unser Leben eingerichtet haben, sondern in dem, was wir nicht leben. Im zweiten Teil der Filmtrilogie *The Godfather* (dt. »Der Pate«) von Francis Ford Coppola ist eine eindrückliche Szene ins Bild gebracht: Michael Don Corleone sitzt am reich gedeckten Esstisch mit seiner ganzen Familie. Sie diskutieren, streiten und schreien. Der übliche Lärm. Dann aber sollen alle ins andere Zimmer zum Vater gehen, dessen Geburtstag gefeiert wird. Alle gehen hin, nur Michael bleibt sitzen. Entgegen der Erwartung wird das Nebenzimmer mit dem Vater nicht gezeigt. Die Kamera hält an Michael fest und fixiert ihn mit derselben Einstellung. Im Hintergrund sind die Feier und die Gesänge zu hören, die üblichen Glückwünsche, die üblichen Danksagungen. Alles wie gehabt, alles vorhersehbar. Aber der unverfügbare Augenblick zeigt Michael. Er ist allein, raucht geräuschlos eine Zigarette und trinkt langsam sein Getränk. Für ihn scheint es eine eigene Realität zu geben, eine entschleunigte, eine stille. Sein Seufzer vermischt sich mit dem Zug der Zigarette. Das vermeintlich Unwesentliche avanciert zum Eigentlichen. Doch nichts ist gemächlich. Er altert und reift. Die Zeit wird komprimiert.

Das Leben, das mit dem Seufzer das Nicht-Artikulierbare zur Artikulation bringt, ist unaussprechlich. Es scheint auf, indem es sich entzieht. Insofern sagt der Mann mit dem alten Gesicht in Borcherts »Küchenuhr« im Angesicht des Schönsten, das er erkennt, »nichts mehr«[13]. Nicht anders wird dieses Phänomen bei dem muslimischen Mystiker und Dichter Farīd ad-Dīn ʿAṭṭār zum Ausdruck gebracht, indem er am Ende seines Werkes »Die Vogelgespräche« über die Reisenden, die beim Ewigen angekommen sind, gesteht: »Solange sie wanderten, konnt' ich noch reden: da sie zu Ihm gelangten, blieb nichts mehr. Hier ist der Worte Ende nun genaht«[14]. So sagen die Protagonisten der US-amerikanischen Serie *Weeds* nichts, wenn sie am Ende alle auf der Treppe sitzen und es auf sie schneit. Die ganze Szene wirkt wie ein kosmischer Seufzer. Denn Nancy, um die sich die gesamte Serie dreht, ist eine Hausfrau und Mutter, die ihren Mann verliert und als alleinerziehende Frau das Leben meistern muss. Wir sehen über acht Staffeln den großen Kampf dieser Frau mit dem Leben, bei dem es um ihr Überleben geht. So steigt sie ins Drogengeschäft ein und dealt mit Marihuana. Sie verwickelt sich immer mehr in Probleme und Situationen, die ihren Lebenskampf komplizierter und verwegener machen. Am Ende hat sie alles erreicht. Sie kann jetzt die Schule ihrer Kinder finanzieren, aber sie gehen nicht mehr zur Schule und sie kennt den Schulweg nicht. Sie kann ihnen ein großes Haus anbieten, aber sie wollen nicht mehr bei ihr wohnen. Ja, sie ist eine sehr vermögende, selbstbestimmte Geschäftsfrau geworden, aber auf der Treppe unter dem Schnee sitzend erkennt sie, dass sie das, wofür sie Jahre lang gekämpft hat, auf dem Weg dahin verloren hat. Sie hantierte mit Betäubungsmitteln, ohne zu bemerken, dass sie ihr eigenes Leben betäubt haben. Der Bruch war immer da, weil er eigentlich immer da ist, aber ihr Bewusstsein um ihn erwachte erst dann, als alles zerbrochen war. Sie wollte über ihr Leben verfügen, aber gerade dadurch hat sie das Wesentliche verfehlt. Der Schnee fällt und fällt über sie. Sie müsste wissen, was Hartmut Rosa hervorhebt: »Wir können des Schnees nicht habhaft werden, ihn uns nicht aneignen: Wenn wir ihn in die Hand nehmen, zerrinnt er uns zwischen den Fingern, wenn wir ihn ins Haus holen, fließt er davon, und wenn wir ihn in die Tiefkühltruhe packen, hört er auf, Schnee zu sein.«[15] Nancy trauert nicht, sondern lächelt, während ihre Augen ihr widersprechen.

Seufzen ist zugleich etwas Leibliches, eine zutiefst menschliche Ausdruckform, die genauer betrachtet, den Menschen überschreitet. Denn im Seufzer wird ein Mensch nicht linear sichtbar, nicht in seiner Kontinuität beschreibbar oder biographisch definierbar. Der Seufzer erzählt vielmehr den Menschen mit einem Überschuss. Diese Erzählung ist zugleich eine Erzählung mit einem uneinholbaren Rest. Als Undurchsichtiges bleibt dieser Rest überschüssig bestehen. An diesem Mehr tritt der Drang hervor, der am treffendsten als Unruhe fassbar ist. Der Seufzer bringt keine Unruhe, sondern er ist die Unruhe am Menschen, die aus ihm herausbricht. So sagte einmal Sebastian Franck: »Gott ist ein unaussprechlicher Seufzer, im Grunde der Seelen gelegen.«[16] Als »unaussprechlicher Seufzer« ist Gott kein funktionaler Gott, kein Lückenbüßer oder Platzhalter. Er scheint aus und mit der Unverfügbarkeit des Menschen selbst auf. Gott ist vor diesem Hintergrund dessen Unruhe, dessen Unverfügbarkeit.

Ich hadere immer wieder und immer erneut mit meiner Unruhe, die meine Gebete, meine Wünsche auf der Flucht nicht erfüllen ließ. Und doch ist es diese Unruhe, die unmerklich meine Gebete, meine Wünsche veränderte und mithin mich selbst. Ich weiß, dass ich am Flughafen von Kabul, als wir aus Afghanistan geflüchtet sind, mich nicht mehr umgedreht habe, »nicht zu der Stadt, nicht zu den Weinenden«, wie Rilke eine Skulptur von Rodin beschreibt, als wäre ich angesprochen: »Es ist ein Abschied von allem Ungewissen, von einem Glück, das noch nicht war, von einem Leid, das nun umsonst warten wird, von Menschen die irgendwo leben und denen man vielleicht einmal begegnet wäre, von allen Möglichkeiten aus Morgen und Übermorgen, und auch von jenem Tod, den man sich fern dachte, milde und still, und am Ende einer langen, langen Zeit.«[17] Ich konnte mich nicht umdrehen, Abschied nehmen, weil niemand da war. So war der letzte Atemzug: ein Seufzer.

3
Die Geburt

»Jeder von uns hat einen Jesus, aber ehe sich in uns kein Schmerz zeigt, wird unser Jesus nicht geboren. Wenn der Schmerz niemals kommt, geht Jesus zu seinem Ursprung zurück auf demselben geheimen Pfad, auf dem er gekommen war, und wir bleiben beraubt und ohne Anteil an ihm zurück.«
Maulānā Rūmī

Der Schmerz, den Krieg und Flucht erzeugen, kann nicht verabschiedet werden. Aber er kann uns formen, wenn es uns gelingt, ihn zu verwandeln. Insofern gehört zur Lebenspoesie die Geburt als Inbegriff dieser Verwandlung, weil sie Schmerz in Hoffnung übersetzt, mit Leben füllt.

Der große Anfang unseres Lebens bleibt uns selbst unverfügbar.[18] Nüchtern betrachtet sind wir in eine fremde, kalte und stumme Welt geworfen, die nicht den Anschein erweckt, als wäre unsere Geburt in ihr eine willkommene Gabe. Im Gegenteil. Bereits in der Antike ist die eigene Geburt zu einer existentiellen Frage geworden, die uns immer noch begleitet. »Nicht geboren zu werden übertrifft jedes Wort«[19], sagt der griechische Tragödiendichter Sophokles in *Ödipus*. Doch geboren zu sein, wie es Sophokles weiß, ist unser Los. Wir mögen glauben, über unser Leben zu verfügen, es möglichst genau entwerfen, planen, zuweilen auf eine Idee, eine Errungenschaft, eine Berufung zurückführen, unseren Tod auf den Augenblick genau bestimmen zu können, aber unsere Geburt bleibt uns uneinholbar. Nicht die Vorstellung, dass wir in die Welt kommen, womöglich wieder in die Welt zurückkehren werden, sondern die Verfügungsgewalt der Geburt, dieses einmalige und irreversible Eintreten ins Dasein, der Ursprung unseres Lebens lässt sich nicht verfügbar machen, besitzen und berechnen. Die Geburt bleibt dunkel, zumindest dunkel in eigener Erinnerung.

Sollen wir deshalb unsere Geburt hinnehmen, uns damit abfinden, dass wir ohne Eigenwillen[20] da sind? Sören Kierkegaard fragt: »Wer hat mich in das Ganze hinein genarrt und lässt mich nun da stehen? Wer bin ich? Wie bin ich in die Welt hineingekommen; warum bin ich nicht gefragt worden.«[21]

Ich blicke zurück. Und ich weiß nicht recht. Von Erinnerung kann keine Rede sein. Meine Geburt ist dunkel in meiner Erinnerung, wohl kaum erbleicht. Geblieben sind von ihr allein die vielen Erzählungen, die sich um das ursprüngliche Lebensereignis kreisen. Meine siebzehnjährige Mutter hat mich nahezu einen Monat länger in sich getragen als erwartet. Ich könnte mir einbilden, dass ich nicht in die Welt kommen wollte, dass es nicht mein Wille war. Doch vom eigenen Willen kann noch keine Rede sein. Vielmehr sind wir da, bevor wir da sind – allen voran in der inneren, aber auch emotionalen Lebenswelt der Mutter. Die erste Berührung geschieht bereits im Mutterleib. Momente der Geborgenheit, der Vertrautheit, der Stimmung und des Aromas, die allesamt vom Leben erzählen, sind spürbar, bevor wir geboren werden. Dass wir anfangen zu sein, scheint nicht eine zeitliche Größe zu sein. Leben geschieht nicht in einem

Ereignis, sondern im Übergang der Ereignisse, die zumindest für uns keinen Anfang haben.

So scheint es zur Lebenspoesie zu gehören, dass unser Anfang wie der Anfang des Ganzen unverfügbar ist, unverfügbar in unserer Erinnerung, unverfügbar im Leben selbst. Das Woher bleibt leer. Die eigene Geburt scheint der leere Anfang des Lebens zu sein. Und zugleich zeigt sie die Unfähigkeit auf, gänzlich Subjekt der eigenen Geschichte zu sein. Der erste Schrei im Leben bringt entweder diese Leere zum Ausdruck oder er überwindet sie zur Fülle. Als wäre das Eintreten in die Welt nicht von dieser Welt. Bei der Geburt von Maradona sollen es die Ärzte gewesen sein, die einen Schrei ausgestoßen haben, weil er an jenem Tag die Serie von elf Mädchen im Kreißsaal beendet habe. Erst dann schrie Maradona.

Alles Leben wurzelt also in Erzählung. Meine früheste Erinnerung: bewegte Bilder, verschwommen, mal beschleunigt, mal entschleunigt, jedenfalls wirken sie so, als wären sie nicht digitalisiert und mit Filtern versehen. Sie sind schlicht, halten den Augenblick fest. Ich sehe mich als Kind, wie ich in unserem Garten auf meinem blau-weißen Dreirad vor meiner Mutter wegfahre, während sie mit meinem Essen auf einen Teller hinter mir herläuft. Wir lachen. Sie holt mich beinahe ein. Alles andere ist unscharf, als würde ein leichter Nebel alles umgreifen. Ist das meine Geburtsstunde, die innige Vertrautheit und Verbundenheit, die sich im unbeschwerten Lachen aufheben? Der alltägliche Krieg, der sonst den Kontext meines Lebens bildet, ist hier nicht präsent. Meine Erinnerung hat nur den einen Namen: Frieden.

Die Geburt geht offenbar nicht verloren, sondern sie dehnt sich aus oder zieht sich zurück. Der Raum, den sie eröffnet, ist der Erinnerungsraum einer Beziehung, als hätte sie keinen Anfang, weil sie keinen partiellen Augenblick darstellt, sondern ein Geflecht an Bildern und Stimmungen bedeutet, die uns formen, aber auch zuweilen ein Lächeln schenken. Dieses Lächeln ist die Erzählung des Lebens, das als Ganzes nicht auf einen Punkt, eine erste Regung reduziert werden kann. Jedoch trägt es den Glauben an einen Anfang in sich, der uns nicht primär als ein Ich, sondern als ein Du, ein (hoffentlich) gewolltes und geliebtes, angenommenes und behütetes Du ergreift. Die Geburt ist somit immer die Geburt von einem Du, dass ich bin, bevor ich mich selbst als ein Ich wissen und äußern kann. Die Geburt ist der intimste und reinste Ausdruck einer Selbstunverfügbarkeit. Das erste Geschenk des Lebens ist mithin die Einsicht, am Anfang ein Du gewesen zu sein. Einer der berührenden Stellen im Koran erzählt von einer Ich-Du-Beziehung, die jenseits der Geburt liegt. Vor der Geburt stehen die Menschen vor Gott. Und der Ewige fragt: »Bin Ich nicht euer Herr?«[22] Und die Menschen bezeugen es. Hier wird der Mensch zeitlos als ein Du Gottes angenommen.

Unsere Mutter ist für uns nicht einfach die ursprüngliche Beziehung, sondern sie ist die Wirklichkeit, in der und durch die uns überhaupt die Möglichkeit eröffnet wird, eine Du-Ich-, Ich-Du-Beziehung einzugehen. Daher kann Roger Willemsen treffend sagen: »Die erste Religion des Lebens ist der Glaube an die Mutterliebe«[23]. Sie ist keine Ersatzreligion, sondern die Bedingung überhaupt, sein Leben mit dem Glauben verflechten zu können. In meiner Erinnerung scheint daher meine Geburt als dieser Augenblick auf, der früheste in meinem Leben, bei dem ich still neben meiner Mutter laufe, die hinter mir läuft, um mir auf meinem Dreirad einen Löffel Essen zu geben. Hier wird die Geburt nicht verfügbar; vielmehr scheint sie als eine Erzählung von Entbindung und Bindung auf.

Jede Erzählung unseres Lebens, die unsere eigenen Erinnerungen überschreitet, hat mit uns zu tun, aber sie wirkt wie eine Erzählung von einem Teil von uns, der uns noch fremd geblieben ist, als eine Art Lebensfluchtpunkt außerhalb unseres Lebens. Niemals sind wir ganz. Auf dieser Unanfänglichkeit liegt ein Zauber. Es ist der Zauber, ein offenes Wesen zu sein, dessen Geburt weder in der Vergangenheit liegt noch abgeschlossen ist. Nichts war. Alles wird.

Ich sollte so lange nicht geboren werden, bis der Tag gekommen war, an dem auch einst der Prophet Muhammad geboren war. Den Namen, der eigentlich für mich bestimmt war, konnten mir meine Eltern daraufhin nicht mehr geben. So nannten sie mich *Milad*, was auf Arabisch »Geburt« oder »Geburtstag« bedeutet. Daher geht der Versuch, mich an meine eigene Geburt, meinen Geburtstag zu erinnern in das Gedenken einer größeren Geburt über. Diese Geburt des Propheten erweckt bei mir nicht den Eindruck, als wäre sie Vergangenheit, eine sogar abgeschlossene Vergangenheit, sondern eine wiederkehrende Gegenwart. Muhammad ist der Inbegriff einer Figur des Geborenseins. Seine Wirklichkeit besteht darin, dass ich ihn immer und immer erneut als einen Neuanfang geboren werden lasse, in Gedanken, im Herzen.

Philosophieren sei Sterben lernen, lese ich bei Michel de Montaigne. Die europäische Philosophie, wenn man sie so und vor allem so pauschal nennen kann, rückt seit Platon bis Heidegger das Sterben ins Zentrum der Philosophie, des menschlichen Seins überhaupt. Im Unterschied dazu sehe ich die Geburt als das eigentlich Reizvollste. Sokrates hat die Arbeit der Philosophie als »Hebammenkunst« (Mäeutik) begriffen: beim Gegenüber durch Fragen Erkenntnisse entstehen zu lassen. Aber alles dient dem Ende, sodass die Idee der Geburt als radikaler Neuanfang in den Sog des Sterbenlernens geraten ist.

In der Umwandlung einer Aussage des Propheten Muhammad, der Menschen ans Herz legt: »Stirb, bevor du stirbst!«[24], lässt sich sagen, dass man geboren werden soll, nachdem man geboren ist. Im eigentlichen Sinne heißt es: Erwache, nach dem du erwacht bist! Menschsein bedeutet den Vollzug der Geburt nach der Geburt. Denn jede Geburt ist ein radikaler Anfang, ein unkontrollierbarer, nicht kalkulierbarer Anfang eines neuen Lebens, eines neuen Menschen.

Radikal unverfügbar ist jede Geburt auch ein Akt der Bejahung des Lebens selbst, dass etwas ganz Neues entsteht. Hannah Arendt, die besonders die Natalität, die Gebürtlichkeit, ins Zentrum ihrer politischen Theorie gerückt hat, schreibt: »Weil jeder Mensch aufgrund des Geborenseins ein *initium,* ein Anfang und Neuankömmling in der Welt ist, können Menschen Initiative ergreifen, Anfänger werden und etwas Neues in Bewegung setzen.«[25]

Anfänger:in werden. Hier liegt die Lebenspoesie im Menschen selbst, die unentwegt die Geburt nach der Geburt suchen, in allem und mit allen den Anfang suchen, den Anfang setzen.

Im US-amerikanischen Film *Butterfly Effect* (2004) geht es darum, zu zeigen, dass es keinen selbstbestimmten Neuanfang geben kann. Der Protagonist, der die Fähigkeit besitzt, seine Vergangenheit immer wieder neu zu kreieren, kommt nur dadurch aus der Kausalkette der immer neu entstehenden verheerenden Unglücksfälle heraus, dass er sich im Bauch seiner Mutter mit seiner Nabelschnur erdrosselt. Aus der Einsicht in die Unfähigkeit, sich selbst zu revidieren, erwächst dagegen die Hinwendung zum Leben, zum Neuen, zum neuen Anfang. Zum Los, geboren zu sein, gehört es unabdingbar, sich für die Unverfügbarkeit des Lebens zu öffnen.

Der Aufbruch zum Neuen, Unbekannten scheint zur Textur des Lebens zu gehören. Sich auf das Unbekannte, das wir so oft selbst sind, einzulassen eröffnet die Lebenspoesie.

Eine tiefgehende Erfahrung meines Lebens war die Geburt unseres Sohnes. Ich habe sie als eine bewegende Erfahrung eingeschätzt, aber nicht erahnen können, was sie in Wirklichkeit bedeutet. Unbeholfen stand ich da – in Erwartung des Neuen, des Unverfügbaren. Doch der Augenblick, indem er geboren war, Leben aus Leben, meinem Leben, war es um mich geschehen. Er schrie nicht. Er schrie nicht. In meinem Erleben sind Unendlichkeiten vergangen. Dann schrie er. Und sein Schrei, sein Anblick ließ mich in den Hintergrund drängen, mein Ego, meine Ziele, meine Wünsche wurden relativiert. Augenblicklich war ich nicht mehr der Protagonist meines Lebens, sondern der Vater des Protagonisten. Alles war er, alle Hoffnung, aller Segen. Und das Gefühl, das sich in mir einstellte, war deutlich spürbar. Meine Brust öffnete sich und sie blieb offen, verletzlich, verwundbar, aber voller Wärme und pulsierend für mehr Leben.

4
Gegenwart der Taglilie

»Mein Herz ist bedrückt
mein Herz ist bedrückt
ich gehe auf die Veranda
und streife mit den Fingern
über die gespannte Haut der Nacht
die Lichter der Bindung sind dunkel
die Lichter der Bindung sind dunkel
niemand wird mich der Sonne vorstellen
niemand wird mich zur Feier der Sperlinge
mitnehmen.
Behalte den Flug in Erinnerung –
der Vogel ist sterblich.«
Forugh Farrochzād

Es ist das letzte Gedicht der iranischen Dichterin Forugh Farrochzād, das kurz vor ihrem Tod entstanden ist: »Der Vogel ist sterblich«. Sie ist eine weibliche Ikone der persischen Kultur, die im Alter von 32 Jahren bei einem Autounfall starb. Das Gedicht begleitet mich seit meiner frühen Jugend aus Kabul. Unter den wenigen Dingen, die ein dreizehnjähriger Junge aus Kabul auf der Flucht mitnimmt, sind einige Gedichte, einige Koranverse, einige Erinnerungen, die den Flug, nicht den Vogel erinnern. So bin ich daran gescheitert, mein Kabul von mir abzuschütteln, meine

Geburtsstadt der Vergangenheit und Vergessenheit anzuvertrauen. Vielmehr hat mich das Fremde, das auf mich gewartet hat, meine Fremdheit behutsam bewahren lassen. Der Flug der Erinnerung ist geblieben, er hat zu einem neuen Vogel gefunden.

Das Gedicht dringt ins Herz, doch es bleibt nicht einfach dort, sondern es verzehrt diesen Ort, nimmt ihm den Raum, wuchert in den ganzen Leib hinein. Nur selten möchte ich das Gedicht lesen, nur selten mir den Flug vergegenwärtigen. Ich höre dabei die Stimme der Dichterin selbst, ihre zerbrechlich-melancholische Stimme, die sich Vers für Vers, Wiederholung für Wiederholung ins Innere einschreibt. »Die Stimme, nur die Stimme bleibt«, hat sie selbst einst prophezeit. Gleich der erste Vers des Gedichts wird wiederholt, als wäre er nicht gehört, als wäre die Stimme, die Stimme der Frau – als ein konstitutives Thema ihrer Dichtung – unhörbar. Hier wehrt sich die Dichterin mit ihrer Poesie, hier wehrt sich die Stimme gegen die Stille, die alles unhörbar gemacht hat. »Die gespannte Haut der Nacht« ist die Mauer, der dunkle Horizont, der für sie spürbar, betastbar geworden ist. Habe ich die Mauern meiner Kindheit, die Wucht des Krieges durchbrochen? Bin ich allem entflohen? Die Berührung der Nacht wirft sie auf sich selbst zurück, auf ihre Einsamkeit. Ich will das Gedicht nicht lesen, es zur Seite legen, suche eine andere Sicht, aber ich ertappe mich selbst in meiner Nacht, die nie vergangen ist, aber wohl vergessen. Ich muss daher zurückkehren, sehe mich an einer Grenze stehen, »streife mit den Fingern über die gespannte Haut der Nacht«, die mir zeigt, dass es nicht die Nacht ist, die meine Einsamkeit stiftet, sondern der Blick des anderen, denn einsam sind wir immer in der Gegenwart der anderen, ohne sie bloß allein.

Ich sehe mich an einer Grenze stehen. Es ist das Auffanglager der Flüchtlinge in Schwalbach. Und es ist nicht die Grenze eines anderen Landes. Wir waren bereits nach zwei Jahren Fluchtzeit in Deutschland angekommen. Das Lager stand vor uns mit einem großen silbernen Schiebetor, dessen einzelne, vertikal angeordnete Balken das Innere des Lagers sichtbar machten. Inzwischen war ich 15 Jahre alt. Ich hatte meine Kindheit, meine alte Schule, meine Freunde, meinen Fußball, die umgreifenden Berge in Kabul und die unendlich vielen unscheinbaren Dinge, die mich geformt hatten, nicht mehr. Die Grenze schien vielleicht deshalb unendlich lang. Wir fühlten unsere Nacht, waren aber wie die »Diebe in der Nacht«, die von einer anderen Finsternis umgriffen waren, die sie unsichtbar gemacht hat. Der Schein der Normalität war trügerisch. Die Grenze vor uns entpuppte sich als die tiefe Grenze in uns, die Grenze als Ende eines langen Weges, der uns genau dorthin gebracht hatte. Der Moment, in dem wir mit den Worten: »Ich bitte um Asyl!« die Grenze überschritten haben, auf der anderen Seite waren, alles Vergangene zu einem Ende geführt haben, hätte sich nach unseren Träumen zuvor in den langen Nächten in Indien, Moskau und Kasachstan anders anfühlen müssen, befreiend, leicht und erfüllend.

Doch ich drehte mich um, und ich sah die Stahllatten des Tores an, die dieselben waren, die wir von außen vor uns hatten, Linie für Linie exakt nebeneinander angeordnet. Die Öffnungen zwischen den Latten schienen für die Angst durchlässig zu sein. Ich atmete. Das Bild der vertikalen silbernen Linien, die ein Bild für meine innere Grenze erzeugten, begleitet mich bis heute. Es scheint, als wäre die Nacht nicht einzugrenzen, sondern der Ort, indem wir vergehen, still, in uns.

»Der Mensch ist diese Nacht, dies leere Nichts, das alles in ihrer Einfachheit enthält«[26], sagt der junge Hegel. »Diese Nacht erblickt man, wenn man dem Menschen ins Auge blickt«. Diese »Nacht der Welt«, die sich Forugh Farrochzād zeigt, indem sich die Dichterin ihr selbst zeigt, lässt sie erkennen, dass »die Lichter der Bindung dunkel« sind. »Die Lichter der Bindung sind dunkel« wiederholt sie, nicht nur um zu bestätigen, was sonst nicht glaubhaft ist, sondern weil keine Widerrede, kein Einwand dazu hörbar ist. Die Lichter zeigen die unendliche Nacht und ihre Bindungslosigkeit, ihre Unbestimmtheit. Das bloße endliche Leben in einer Welt, die nicht selten einem Kerker gleicht, in dem sich die eigene Endlichkeit in eine nie endende Unendlichkeit verwandelt. Die Dichterin bleibt einsam, inmitten der Nacht, die so zart sie umhüllt, dass sie sie erst mit Fingern berühren muss, um sie wahrzunehmen. Die Berührung von Mensch zu Mensch ist vielleicht dieses Tasten der eigenen Dunkelheit, der eigenen Einsamkeit. Niemand wird ihr die Sonne vorstellen, weil es keine Sonne gibt, so lässt der Ewige im Koran bei der Nacht schwören, »die dunkelt«[27]. Ihr Name *Forugh* bedeutet wörtlich übersetzt »Licht«; hier leuchtet sie in sich selbst, um sichtbar zu machen: Das Haus ist schwarz.[28]

Daher sprechen die Lichter von der Dunkelheit, entgegen ihrer eigenen Bestimmung. Das Herz ist bedrückt, weil sich alles um es herum verkehrt hat, nichts stimmt überein, nichts klingt melodisch. Hier artikuliert sich zugleich eine subtile Diagnose unserer Zeit, in der sich die Gedichte nicht mehr reimen, sagte Forugh Farrochzād einmal, um den wehrhaften Charakter der Poesie hervorzuheben. Poesie ist keine elitäre Nische, keine entfremdete Kunst, sondern Widerstand, pulsierendes Leben.

Ein Jahr vor ihrem frühen Tod gesteht sie: »Es gibt kein reales Leben ohne die Poesie.« Poesie ist demnach keine Hoffnung, keine Utopie, sondern ein Durchsichtig-Machen der Nacht, der Vergänglichkeit. Ihre Gedichtverse bleiben unversöhnt gegeneinander. Und gerade inmitten dieser Ungereimtheit geschieht das Leben, im Vorbeigang, im Übergang. Ein Gedicht als eine gereimte, unfehlbare Welt würde eine pervertierte Welt darstellen, weil es Gelingen und Reinheit, Einfachheit vorspielt, wo in Wahrheit Brüche und Komplexität da sind.

Diese Lebenszeit der Unvollkommenheit hat Diego Armando Maradona verkörpert oder eher: mit seiner Fußballpoesie beseelt. Er war nicht der optimierte Sportler von heute, der aalglatt und durch glättende Mediencoachings unnahbar und farblos eine eigene Spezies von Profisportler verkörpert. Seine Faszination bestand in seiner Fehlbarkeit, in seiner Art, das Leben zu ergreifen – mit dem Herzen und mit dem ganzen Ernst der Vergänglichkeit. Wie auf dem Fußballfeld war Maradona schutzlos nicht dem Tod, sondern dem Leben ausgeliefert. Denn wer aus dem Herzen heraus lebt, zum Beispiel nicht sein Image kalkulierend aufplustert, der ist verletzbar. So starb der Herzensmensch an Herzversagen. Nach seinem Tod wurden in Argentinien drei Tage Staatstrauer ausgerufen. Dort hat er eine eigene Lebenspoesie ausgestrahlt.

Er stammte aus einer Fußballkultur, die sich auf der Straße abspielte. In gewisser Hinsicht hat er diese Straßen nie verlassen, nirgends mehr sich heimisch gefühlt. Er blieb der unbändige Junge, der regellos und dem Herzen nach mit dem Fußball zauberte. Weswegen er sich auch nicht für die schicken, reichen Klubs aus Norditalien entschied, sondern für Neapel. Hier wird Fußball anders gelebt und geliebt, intensiv, als eine Art übergeordnete Instanz im Leben, die zugleich das ganze Leben in sich aufgesogen hat. Maradona ging in Neapel auf, feierte Erfolge, wovon die Neapolitaner zuvor nur geträumt hatten. Neapel ist aber auch umspannt von einer finsteren Nacht – Kriminalität, Mafia, Drogen, zügellose Partys –, die Maradona, der nicht mit dem Kopf, sondern mit dem ungefilterten Herzen lebte, hautnah anzog und verführte. Neapel hat ihm alles verziehen, weil er eine Offenbarung für die Stadt bedeutete, nicht eine bleibende, sondern eine Offenbarung der Vergänglichkeit.

Als er 1991 Neapel verließ, war seine symbiotische Beziehung zum katholischen Neapel verewigt, das ihn verehrt wie seinen Stadtheiligen San Gennaro. Sein Porträt ist in Neapel allgegenwärtig. Eine große Wand im spanischen Viertel *(Quartieri Spagnoli)* der Stadt zeigt Maradona in blau-weißem Trikot der SCC Neapel, von Mario Filardi im Jahre 1990 gemalt. Das Gemälde gehört heute zu den Ikonen der Popkultur. Er ist zu einem Kunstwerk avanciert. Als Kunstwerk ist Maradona aber auch jenseits von Gut und Böse, Leben und Tod. Gerade das Unsittliche an ihm, der dunkle Rest an Maradona ist Teil dieses Gesamtkunstwerkes. Damit wird er nicht verklärt und das Unsittliche, Anstößige unkenntlich gemacht. Im Gegenteil. Erst die Wahrnehmung eines unvollkommenen Menschen, der nicht als eine bestens vorprogrammierte Künstliche Intelligenz Leben spielt, sondern sich am Leben infiziert hat, macht dieses Kunstwerk aus. Kunstwerke sind sinnlich und wirklich. Was wir auf der Wand sehen, sind nicht bloß blau-weiße Farbe, Striche und Punkte. Das Wandbild will nicht die Person ikonisieren, es mobilisiert für uns die Erinnerung. Es hat nicht Maradona eingefangen, sondern seine Vergänglichkeit: Es wird ein Zauber im Übergang aufgezeigt, die Spur einer Gegenwart ausgeleuchtet: »Behalte den Flug in Erinnerung – der Vogel ist sterblich.«

Adam und Eva verlieren das süße Paradies, den Garten Eden, ihre wahre Heimat, weil sie nicht durchhalten können, hinnehmen können, bloß zu sein.

Die Flucht aus Afghanistan hat mich früh gelehrt: Nichts ist haltbar, nichts, was von Wert ist, verfügbar. Als endliche Wesen können wir aber unser Leben mit dem Bewusstsein entwerfen, dass der Tod zu uns gehört. Denn wer lebt, der trägt den Tod in sich. Vor unserer Endlichkeit gibt es kein Entrinnen. Im Koran heißt es: »Jede Seele kostet den Tod«[29]. Die Einsicht in den eigenen Tod lässt uns erkennen, was das Wesentliche im Leben ist, einem Leben, das sich nicht endlos auf Erden vollzieht. Die Gegenwart des Todes, der jeden zu jeder Zeit ereilen kann, lässt sich als eine Intervention begreifen, den Lebensvollzug als ein nie endendes Dasein in Frage zu stellen. Die Frage ist, wofür wir leben, wonach wir im Leben streben, was wir bewahren, was wir besitzen und was wir hinterlassen sollten, worin unser Glück und worin unser Elend bestehen. Mit der Erfahrung der eigenen Endlichkeit erwächst daher der wache Blick für das Leben. Daher gehört zu unserem endlichen Leben insbesondere unsere Vergänglichkeit, die Einsicht, dass nichts Bestand hat.

In einer Welt ohne Halt ist die Suche nach einem Haltepunkt, einem archimedischen Punkt der Verfügung deshalb verfehlt, weil sich nichts gegen die Hinneigung der Vergänglichkeit wehren kann. Im Koran ist dieser Gedanke programmatisch aufgenommen, dass allen Dingen die Vergänglichkeit eingeschrieben ist, nicht aber dem Unverfügbaren selbst.[30] Vergänglichkeit ist somit das Gepräge des Daseins überhaupt, aber es ist die Gegenwart der Vergänglichkeit, die in ihrer Intensität, ihrer Durchdringlichkeit als

Unverfügbares aufleuchtet.[31] Nicht ungeboren, nicht gestorben zu sein, sondern sterblich zu sein, heißt Unverfügbarkeit zur Gegenwart gebracht zu haben. In einem Psalm heißt es eindrücklich: »Wie Gras sind die Tage des Menschen, er blüht wie die Blume des Feldes. Fährt der Wind darüber, ist sie dahin; der Ort, wo sie stand, weiß nichts mehr von ihr.«[32] Unverfügbarkeit nimmt die Gestalt einer Blüte ein, einer Taglilie, deren Einzelblüten nur einen einzigen Tag blühen, weshalb sie auch *Hemerocallis* genannt werden. Lebendigkeit besteht gerade darin, die Unverfügbarkeit des Lebens in sich zu tragen. Zu leben heißt vom Tod betroffen zu sein, immer und in jedem Augenblick.

»Wo ihr auch seid«, wird im Koran erinnert, »euch ereilt der Tod, und wärt ihr in Burgen, in hochgebauten.«[33] Vor dem Tod gibt es kein Entrinnen, denn seine Gegenwart scheint die eigentliche Fülle der Gegenwart auszumachen – nicht nachdem wir vergangen sind, sondern während wir da sind, Nähe erfahren, Sinn stiften, ist die Unverfügbarkeit anwesend. Gott als der unübertrefflich Lebendige erfasst den Tod, sodass man mit den Worten Rilkes sagen kann, dass »selbst das Tote dem Leben noch untergeordnet«[34] bleibt.

Die Wehmut der Vergänglichkeit erfüllt uns, dass alles ein Ende findet, aber es ist auch gut, dass alles endet, dieser Körper, diese Worte, dieses Leben. Aber wo endet alles? In Berührung mit der Vergänglichkeit zu leben bedeutet vor allem, zu erkennen, dass wir niemals dort ankommen, wo wir waren. Mit dem Fortgang des Lebens reproduziert sich das Leben in seiner immerwährenden Einmaligkeit. So betrachtet, lieben wir nur einmal, nur einmal, nur einmal. Und wir sind immer ein anderer, aber in dem Bewusstsein, dass wir uns zu diesem Prozess der fortdauernden Übergänge verhalten, in dem wir ein anderer werden. Erst von hier aus können wir zurückblicken. Für mich heißt es, dass ich nicht einfach aus Kabul geflüchtet bin und vielleicht eines Tages dorthin zurückkehre. Ich weiß, dass ich nie wieder dorthin zurückkehre, weil nicht nur die Zeit vergeht, sondern zugleich auch die Orte vergänglich sind. Daher habe ich Kabul verlassen und Kabul hat mich verlassen. Wir finden uns niemals wieder. Der einzige Unterschied hier besteht darin, dass ich um meinen Verlust weiß, die Zeit lässt nicht nur meinen Körper altern. Meine Seele, meine Innenwelt altert, reift, das heißt auch, dass sie leichter wird, in gewisser Hinsicht ent-lernt. Das mit der Zeit Angehäufte, Gelernte loslässt, weil vieles, sehr vieles an Sinn abnimmt. Die Erinnerung an den exakten Geburtstag von Friedrich dem Großen, die Erinnerung an die ersten Worte, die Faust an Gretchen richtet, die binomische Formel etc. werden mit der Zeit ihren Sinn im Leben verlieren. Was bleibt? Vielleicht die Erinnerung an den Mut meines Vaters, inmitten der Hoffnungslosigkeit der Flucht irgendwo in Moskau mich anzublicken und zu sagen, dass alles gut werden wird? Vielleicht die Erinnerung an die erste flüchtige Berührung der Hände meiner ersten Liebe oder die Stimme des Korans: »Er ist mit euch, wo immer ihr auch seid«[35]?

Angesichts dieser Erfahrung der Hinfälligkeit stellt das Leben ein unerschöpfliches Gut dar, das es zu entdecken und zu würdigen gilt. Indes besteht die Hingabe an die Wirklichkeit Gottes darin, dass die begrenzte Reise des Lebens mit dem Tod als eine »Vermählung mit der Ewigkeit« entgrenzt wird. Gott lässt die Vergänglichkeit vergehen, wenn wir uns der Vergänglichkeit verschreiben, sie mit Würde annehmen, mit Sinn erfüllen, dankbar für jeden Atemzug sind, erstaunt über die unstillbare Pulsation nach Leben und mehr Leben. Der muslimische Dichter Rūmī schreibt: »Betrachte diesen

Körper, der aus Staub geboren – wie vollendet ist er doch geworden! Warum solltest du sein Ende fürchten? Du bist nur durch den Tod entstanden.«

Das Gedicht von Forugh Farrochzād will daher nicht an den Tod erinnern, sondern es entkleidet den Tod. Es nimmt ihm seine Unheimlichkeit. Die Dichterin will nicht die Haut der Nacht zerreißen, in sie hineindringen oder ihr entfliehen: »niemand wird mich zur Feier der Sperlinge mitnehmen«, sagt sie. Zur Erfahrung der eigenen Vergänglichkeit gehört aber auch unabdingbar, dass das Leben nicht verklärt, der Tod nicht ersehnt wird. Es geht nicht darum, zu sterben. Es geht darum, zu lernen, sterblich zu sein. Diese Sterblichkeit zu ergreifen, macht erst das Leben zur Poesie, weil es nicht die Wirklichkeit überschreibt oder ihr einfach nur entkommen will. Die Gegenwart der Taglilie zeigt das stille, pulsierende Geheimnis des Lebens: aufblühen, als würde man unsterblich sein; verwelken, als hätte man ohnehin nur einen Tag gelebt.

Der muslimische Dichterphilosoph Muhammad Iqbal schrieb einmal: »Leb so ein beispielhaftes Leben, daß wenn Dein Tod ewig ist, Gott beschämt wird, ihn ewig erschaffen zu haben!«[36]

Die Flucht zu überstehen, den Krieg zu über-leben, war für mich immer auch mit dem Gefühl verbunden, den eigenen Tod überlebt zu haben, nicht auferstanden, nicht unsterblich zu sein, sondern still mit dem Tod zu leben. Die Lebenspoesie erhält ihren Zauber, ihren Geschmack durch den Schmerz, den sie nicht verdrängt, ausschließt, sondern unermüdlich mit Leben füllt, sodass auch das scheinbar Leblose, Tote, Vergangene von Leben überfließt. Kein Kind in Afghanistan ist einfach nur tot, weil es zufällig auf eine Mine getreten ist. Leben können enden, aber nicht zu Ende erzählt sein. Mein Vater nahm mich als Kind gerne an den Feiertagen zum großen Friedhof der Stadt mit. Wir standen früh, sehr früh auf und gingen gemeinsam zum Friedhof. Angekommen bei dem Familienfriedhof, stellte er mir jeden vor, meine gutmütige Großmutter, meinen stilvollen Großvater. Und wir saßen lange gemeinsam dort, aßen ein Stück frisches Brot, das wir unterwegs fürs Frühstück gekauft hatten. Ich sah mich um, und ich sah unendlich viele Gräber. Meine Erinnerung schweigt darüber, wie wir den Friedhof verlassen haben. In Wahrheit sitze ich mit meinen wachen, suchenden, staunenden Augen immer noch inmitten der mich umgebenden Gräber und höre die Stimme meines Vaters, der mit seinen Geschichten alle lebendig hält.

Die Geschichte eines Lebens scheint keine Begebenheit zu sein, sondern eine Frage nach dem Leben selbst, das Ergreifen eines konkreten Lebens, das nicht mit einer vorweg bestimmten Sinnorientierung beschwert wird, sondern Zuflucht sucht im Leben selbst, das unaufhörlich vergeht und vergeht und vergeht.

Erinnert bin ich an einen Psalm, den Forugh selbst in ihrem Dokumentarfilm »Das Haus ist schwarz« gesprochen hat:

»O hätte ich Flügel wie die Taube!
Wie wollte ich fliegen, bis ich Ruhe fände!
Ja, fernhin wollte ich flüchten,
wollte herbergen in der Wüste.
Ich wollte hineilen, wo ich sicher wäre
vor dem Sturmwind, vor dem Wetter« (Psalm 55,7).

Es gibt kein Außerhalb, kein außerhalb der Nacht, außerhalb der Vergänglichkeit. Was bleibt, ist die Vergänglichkeit selbst – das einzig Bleibende:

»Behalte den Flug in Erinnerung –
der Vogel ist sterblich.«

5
Lob des Glaubens

»Der Glaube sieht, wie ein Vogel, seinen ›unbefestigten Weg‹ nicht in der Gesellschaft des Intellekts, der, mit den Worten des großen mystischen Poeten des Islam [sc. Attar] gesprochen, ›nur das lebendige Herz des Menschen in einen Hinterhalt lockt und es des unsichtbaren Reichtums des Lebens, das im Inneren zu finden ist, beraubt.‹«
Muḥammad Iqbāl

Wir verlieren immer mehr den Bezug zum Glauben, verlernen die Fähigkeit, zu glauben. Dadurch haben wir keinen Zugang zu einer Wirklichkeit, die uns überschreitet. Zwischen zwei Extremen, die entweder den Glauben für eine absurde, überholte Artikulation des *mythischen Menschen* halten oder den Glauben mit einem Überschuss an unumstößlicher Gewissheit leben, sodass hier kein Glaube, sondern reine Ideologie am Werk ist, hat sich der Glaube immer mehr minimalisiert. In vielen Graustufen scheint der Glaube seine verführerische Kraft verloren zu haben.

Beide Formen arbeiten gegen den Glauben, entzaubern das Leben. Wird der Glaube von seinem innewohnenden Zweifel, seiner Offenheit amputiert, wie die ideologische Haltung verfährt, die sich zwar Glaube nennt, aber damit die Stimme fragloser Gewissheiten meint, so verliert der

Glaube jede Überzeugung, jede Poesie. Nimmt man hingegen die Haltung ein, die den Glauben prinzipiell mit dem Aberglauben verwechselt, dann wäre die Wirklichkeit überhaupt auf rein physikalische, naturwissenschaftlich beschreibbare Gegenstände reduziert. Aber außer den physikalischen, energetisch-materiellen Gegenständen existieren ganz andere »Gegenstände«, für die es nicht zutrifft, auf das Physikalische reduziert werden zu können. Es trifft nicht auf die Kunst zu, und es trifft auch nicht auf den Glauben zu. Die rationalisierte Welt empfand und empfindet den Glauben, den sie nicht begreift oder für nicht begreifbar hält, als eine Last, deren Schwere und Dichte es abzuschütteln gilt. Dadurch wird aber der Glaube nicht getilgt. Er wird verwandelt. Im Korsett des Rationalen verliert er seine Glaubwürdigkeit. Diese Unglaubwürdigkeit öffnet aber den Raum für einen Glauben, der nichts zur rationalen Beherrschung der Welt beiträgt, sondern sich aus ihrer Gewalt entzieht.

Der Glaube informiert nicht. Er trägt seine Inhalte als eine Erfahrung des Geistes, die nach der inneren Bedeutung der Dinge fragt. Der Aberglaube dagegen überinformiert, seine Inhalte sind als Erfahrung des leeren Ominösen zu kennzeichnen. Während der Aberglaube dem Geist diktiert, begreift sich der Glaube als eine Diktion des Geistes in Berührung mit dem Leben. Denn der Geist ist eine aufnehmende, einschließende Macht, die in der Hand des Ewigen pulsiert. Im Koran heißt es: »Und sie befragen dich nach dem Geist *(rūḥ)*. Sag: »Der Geist *(rūḥ)* obliegt dem Befehl *(amr)* meines Herrn«[37]. Im Persischen wird für den Geist der Begriff *ma'nawīyat* verwendet. Es geht dabei um ein aus dem Arabischen *(ma'nā)* entstammendes Wort, das so viel wie Bedeutung heißt. Nach der inneren Bedeutung der Dinge, nach der tiefen Wirklichkeit zu fragen, bestimmt somit eine

Lebenskunst, die sich aus dem Geist empfängt. Der geistige Glaube öffnet den Menschen für Gott.

Der Glaube folgt aber weder der Fantasie noch dem kalten Regelwerk der Ratio. Vielmehr ist der Glaube die Gewissheit des Herzens. Überhaupt wird im Islam der Glaube im Herzen verortet. Als Herzensvollzug kennt dieser Glaube keinen Abschluss. Unabschließbar vollzieht sich der Glaube wie der Raum, der sich unablässig ausdehnt. Aber wohin?

Als Kind bin ich mit diesem Glauben in Berührung gekommen. Selbst inmitten des Kriegs war Kabul ein spiritueller Ort. Ich besuchte eine kleine Moschee, um die Rezitation des Korans zu erlernen. Aber den Glauben habe ich außerhalb, inmitten des Lebens gefunden. Vor der Moschee saß, angelehnt an die Mauer, ein älterer Mann mit langem weißem Bart und gläsernen Augen auf einem grauen, stark zerfetzten Tuch. Ein Bettler, der sichtlich Einsamkeit ausstrahlte. Ich bemerkte ihn natürlich bereits beim Eingang in die Moschee, grüßte und vergaß ihn. Während des Unterrichts wurde Kabul wieder einmal und plötzlich durch einen Raketenangriff heimgesucht. In der Hoffnung, dass alles bald aufhört, machte der Lehrer mit dem Unterricht weiter, aber der Lärm der Raketen wurde immer heftiger und der Angriff hielt an, sodass es klar war, dass wir nur zu Hause sicher sein konnten, in den gewohnten Kellern. Wir rannten nacheinander aus der Moschee heraus, um heimzukehren. Die Straßen waren bereits leer. Keine Regung war mehr zu hören. Dabei sah ich den Bettler, der regungslos dasaß, als würde nichts geschehen. Während ich davonlief, fragte ich ihn: »Haben Sie keine Angst? Verstecken Sie sich nicht?!« Gefasst sagte der Einsame mit seinem entwaffnenden Blick: »Ich habe meine Zuflucht bei Gott gefunden. Wo soll ich denn hinrennen?!« Ich lief weiter, aber unbemerkt wurde mein Gang langsamer, noch langsamer. Ich blickte zurück, sah ihn etwas unscharf, und ich verstand, dass er nicht an der Mauer der Moschee angelehnt war, sondern am Tor des Ewigen. Auch er war vom Tode bedroht, verletzbar und schmerzempfindlich. Doch er atmete nicht mit seinem Leib, sondern mit seinem Körper. »Die leibliche Natur geht ihrer Auflösung entgegen, die körperliche dagegen ihrer Auferstehung«, sagte einmal Walter Benjamin. Und er fügte hinzu: »Der Körper ist für den Menschen das Siegel seiner Einsamkeit und es wird – auch im Tode – nicht zerbrechen, weil diese Einsamkeit nichts als das Bewußtsein seiner unmittelbaren Abhängigkeit von Gott ist.«[38] Der Einsame atmete mit Gott. Und mir wurde klar, dass ich meinen Leib retten muss, weiterrennen und nicht stehen bleiben darf, aber zugleich erkannte ich, dass der Krieg, unsere Ängste und was uns sonst auch bedroht, uns nicht gänzlich im Griff haben. Es gibt einen Un-Ort in uns, der ungreifbar jedem Ansturm standhält. Der Glaube erwächst aus einer Beziehung heraus und hält unbedingt am Bestand dieser Beziehung fest. Insofern gibt es eine Haltung im Leben, die seine Poesie nicht verliert, sondern erst dann sichtbar, spürbar macht, wenn wir auf das Wesentliche reduziert sind.

Glauben ist Atmen mit Gott. Insofern besteht der Weg des Islams darin, mit jedem Atemzug die innere Dunkelheit und Schwere in Licht und Leichtigkeit zu verwandeln. Gott wird daher nicht verstanden als eine Instanz außerhalb der Welt, sondern als Textur der Wirklichkeit, mir näher als meine eigene »Halsschlagader«[39], als das gegenwärtige Nichts inmitten von allem. »Und wenn dich Meine Diener befragen über Mich«, lässt Er den Propheten Muhammad wissen: »Nah bin Ich! Ich höre den Ruf des Rufenden, wenn er Mich anruft.«[40]

Der Glaube öffnet den Raum für das unbedingte Warum der Dinge. Daher kann der Glaube nicht die Existenz Gottes manifestieren, sondern Gott im Leben anwenden. Insofern kann der Glaube keine rein theoretische Betrachtung sein. Glaube ist immer ein Vollzug im Leben. Aber wie lässt sich Gott im Leben anwenden?

Im islamischen Kontext wird Glaube nicht als eine menschliche Tat begriffen, sondern als eine von Gott gestiftete Gabe. Das Leben wird mit dem Glauben berührbar, nicht bloß oberflächlich antastbar, ohne ins Leben einzudringen. Dabei ist der Glaube an Gott der tiefste Ausdruck einer Sehnsucht, die unstillbar, ruhelos nach Gott dürstet. Diese Sehnsucht öffnet die Einsicht in die Gegenwart Gottes im Leben, über die wir nicht verfügen. Und gerade darin verwirklicht sich der Glaube – als Leben in der Gegenwart des Unverfügbaren. Glauben heißt: die Unverfügbarkeit Gottes aushalten.

Der Glaube reglementiert nicht das Leben, fasst es nicht in feste Bahnen und Sinnorientierungen. Das Leben dient nicht dem Glauben. Vielmehr: Der Glaube dient dem Leben. Der intensivste Name Gottes, der im Koran zur Sprache kommt, ist die Selbstprädikation Gottes als der beständig Lebendige.[41] Im Ewigen ruht nicht das Leben, sondern das Leben in seiner höchsten und intensivsten Verwirklichung ist die innere und mithin wesentliche Geschichte Gottes selbst. Insofern soll nicht der Glaube das Leben überwinden, es reduzieren, entwerten, sondern im höchsten und intensivsten Sinne erst freisetzen. Lebendiges berührt das Alllebendige im Lebensvollzug. Maradona hat ausnahmslos immer an den Ewigen erinnert, wenn er das Spielfeld betreten hat. Allein in Berührung mit Gott konnte ihm das Außerordentliche gelingen, wie er es selbst bezeugte.

Der Glaube intensiviert das Leben, weil er es perspektivisch vertieft. Er macht sichtbar, was nicht auf der Oberfläche liegt, oder er macht die zarteste Schicht dieser Oberfläche zugänglich, die kaum berührbar ist. Der Prophet Muhammad bezeugt: »Gott hat allen Dingen die Schönheit eingeschrieben.«[42] So macht der Glaube den Glanz der Dinge sichtbar. Die Unterschiede zwischen den Dingen der Welt werden dadurch nicht nivelliert. Doch kann der Glaube einen Unterschied aufheben, der hier nicht mehr von Relevanz ist. Es ist der Unterschied von »innen« und »außen«. Die Schönheit, die allen Dingen eingeschrieben ist, handelt nicht von einer dekorativen, reinen Formsprache. Vielmehr dekonstruiert der Glaube die Differenz von innen und außen, er demaskiert. Gläubig geben wir uns dem Antlitz des Ewigen hin, ohne Gehabe, ohne Schminke und ohne Maske: Alles Innen wird so nach außen gekehrt. Der Glaube ist damit eine Erscheinung der Selbsttransparenz, ohne dabei die eigenen Widersprüche, Brüche und Ungereimtheiten zu glätten. Wir sind im Akt des Glaubens in Berührung mit uns selbst, das heißt mit einem Selbst der Uneindeutigkeit. Auf diese Weise verwandelt der Glaube die Schwere der Existenz in Leichtigkeit, Gelassenheit.

In diesem Zusammenhang wird im Koran die intensive Haltung des Glaubens als Frömmigkeit auf eine ganzheitliche Haltung zurückgeführt und nicht in einer messbaren, kalkulierenden äußeren Handlung gesehen.[43] Die Schönheit der Dinge, die im Glaubensvollzug ihre Enthüllung findet, erzählt von einem Leben, das sich nicht in Kategorien der Produktion und Leistung einengen lässt, sondern den Gang der Dinge entschleunigt, verdichtet, vertieft, beruhigt, ja vergöttlicht. Denn in allem Schönen wird die gegenwärtige Schönheit Gottes offenbar. Der muslimische Theologe Aḥmad al-Ġazālī (gest. 1126) hat es treffend ausgedrückt: »Öffne das Auge deines inneren Gesichtssinnes! Denn es gibt im Sein nichts als Ihn.«[44]

Zu meinem rituellen letzten Gebet in der Nacht, bevor ich meine Augen schließe, gehört die Hoffnung, dass ich am nächsten Morgen mit dem Glauben im Herzen erwachen möge. Denn ich verfüge nicht über meinen Glauben. Darin ist der Glaube mit der Liebe verwandt. Der Glaube dient nicht den alltäglichen Bedürfnissen, durch die bloße Geste des Glaubens wird alles Alltägliche, alles scheinbar Profane ins Heilige überführt. Mose rennt unbedacht zum brennenden Dornbusch hin, aber er wird zurückgehalten: » Ziehe deine Schuhe ab von deinen Füßen, denn der Ort, auf dem du stehst – heiliges Erdreich ist er!«[45] Er zieht die Schuhe aus. Barfüßig, verletzbar nähert er sich der Gegenwart Gottes. Nicht der Ort, sondern diese Geste stiftet Behutsamkeit, verwandelt das Profane zum heiligen Boden, weil es den Blick für das Wesentliche eröffnet. Deshalb glaubte Maradona: »Auf dem Platz wird das Leben unwichtig«, denn auf dem Platz wird erst die Poesie fürs Leben entfacht.

Der Glaube geschieht am Menschen, nimmt den inneren Menschen in Anspruch, fließt über das Herz hinaus, stiftet Beziehung, setzt Achtsamkeit und einen klaren Blick für die Schönheit aller Dinge frei, weil er den Menschen für Gott öffnet, sodass das bloße Leben in seiner Unverfügbarkeit Poesie, Gebilde, schöne Gestalt wird, verdichtet und entgrenzt. Demnach ist der Glaube keine letztbegründete Antwort auf die Fragen des Lebens, sondern dessen intimste Frage.

6

»Du sollst deinen Sohn Diego nennen!«

»... aber nicht der Ball.
Der Ball ist niemals befleckt.«
Diego Armando Maradona

Warum sollte der Glaube an Gott nicht älter sein als die Erfahrung der Gottlosigkeit? Warum sollte Gott nicht in mir den Drang eingepflanzt haben, mich ihm hinzugeben? Aber: warum überhaupt Gott? Ich kann mich nicht an den Augenblick erinnern, an dem in mir meine Hingabe an Gott entfacht wurde. Der Lebenstag, der mich aus der Zeit herausspülte, der Tag, an dem meine Seele zum ersten Mal Heimweh empfand, gehört zur unverfügbaren Erinnerung, die ich nicht habe. Aber wenn mir der Augenblick bekannt wäre, wüsste ich, dass danach nichts mehr gewesen wäre wie zuvor, dass jede Farbe leuchtender, jeder Geschmack intensiver, jeder Geruch beschwingter, jede Erfahrung frischer wäre, dass ich mein Alter, meine Bedingtheit, meine Schwächen und Unzulänglichkeiten nicht mehr spürte. Doch im Rückblick kann ich sagen: Mir fehlt dieser Tag, dieser Augenblick, der an sich die Zeit verlangsamt hätte. Oder ist dieses Fehlen, die Leerstelle, die Nicht-Erinnerung, die von ihm erzählt? Kann mir nicht fehlen, was ich nie besaß?

Kann meine Gotttrunkenheit nicht ein Prozess gewesen sein, ein allmählicher Aufgang einer Bindung, die sich tief ins Herz eingeschrieben hat? Oder trifft uns Gott plötzlich, bricht ohne Vorwarnung in unsere Wirklichkeit ein wie eine innere, eröffnende Explosion? Und wir sind dann restlos Gottes? Oder geschieht Gott unmerklich und lautlos in unserem Leben? Geschieht er wie eine Stimmung, die sich in einem plötzlich einstellt, oder eher wie ein Schub, wie eine Frucht, die unmerklich Reife findet? Ich hätte seiner in Kabul sehr bedurft, nicht nur für mich. Aber gesucht habe ich ihn nicht. Wo hätte ich ihn suchen sollen, inmitten welcher Ruine der Stadt, bei welchem gebrochenen Herzen? Ich kann nicht sagen, dass ich damals einfach nur ein Kind sein wollte, das gerne spielte, unbeschwert, unbedroht, das mehr Fragen hatte, als es Antworten gibt. Ich kann nicht sagen, wann diese Kindheit zu Ende ging oder nicht aufhörte, nicht herauszubrechen. Gott gehörte nicht zu meiner Spielwelt, aber ich wusste um seine Gegenwart, still, aber nicht stumm. Kinder wirken vorhistorisch, weil sie in ihrer Unschuld, in ihrer »reinen« Anwesenheit gedacht, auf ihre Verspieltheit reduziert werden. Gott scheint dabei der Ernstfall zu sein. Aber was ist ernster als das Spiel der Kinder? Hat nicht der große Heraklit lieber mit den Kindern gespielt, als mit Erwachsenen über den Sinn des Lebens zu sinnieren?

Gott lässt sich nicht einfangen, formen, konsumieren, jenseits von allen Bildern und Vorstellungen, jenseits von allem, was ihn verfügbar vermutet, aber diesseits von allem, was ihn ans Herz gebunden hat, ergreift und berührt er uns in seiner Unverfügbarkeit. Dieser Gott aber »funktioniert« nicht, obgleich ich mein Leben in und aus der Hingabe zu Gott ergreife. Im Bewusstsein Gottes scheint das Leben eine Verankerung, eine Letztbegründung, einen Sinn zu finden. Damit wird Gott als die erste und letzte, vor allem als jene vollkommene und unerschütterliche Wirklichkeit angenommen, worin alles wurzelt, als der letzte Grund alles Seins. Darin besteht aber auch das Problem, das bereits Ludwig Feuerbach erkannt und in seiner Schrift *Das Wesen des Christentums* beschrieben hat. Die Idee Gottes scheint nach Feuerbach vor allem ein infantiler Traum, eine erdichtete Fantasie zu sein, die nicht nur für die eigene Macht- und Herrschaftsfantasien instrumentalisiert werden kann, sondern auch als Projektion eigener Wünsche dient. Daher zeige der Glaube an Gott, den Feuerbach als eine Einbildung begreift, die Schwäche der menschlichen Existenz, nicht mit der eigenen Endlichkeit und damit einhergehenden Bedeutungslosigkeit umgehen zu können. Im Glauben an Gott als »Spiegelung des menschlichen Wesens in sich selbst« offenbare sich das »Abhängigkeitsgefühl« gegenüber einem Gott, den der Mensch »mit seinen Seufzern« erschaffe. Damit markiere Gott eine Leerstelle im Menschen und erfülle ihn in seiner Unzulänglichkeit.

Doch der unverfügbare Gott nimmt nicht diese und keine andere Funktion an, obgleich der Mensch ihn erdichten würde, wenn es ihn nicht gäbe – was aber nichts beweist, außer die Tatsache hervorzuheben, dass der Mensch ein Wesen zu sein scheint, das in einem tiefgreifenden Gottesdrang lebt. Aus diesem Drang zu Gott erhebt sich die Hingabe. Aber Gott stellt keine Raum- und Zeitkategorie dar, gehalten ist das Leben in einem Un-Ort und in einer Un-Zeit, jenseits unserer Verfügungsgewalt. Gerne hätte ich Gott einen Dingcharakter gegeben, um ihn neben anderen Dingen in meine Sammlung aufzunehmen. Oder zumindest mich von Zeit zu Zeit zu vergewissern, dass es ihn gibt. Im Koran wird an Abraham erinnert, der Gott suchte, aber ihn nicht fand: »Als über ihn hereinbrach die Nacht, sah er einen Stern. Er sprach: ›Das ist mein Herr.‹ Als er verschwand, sagte er: ›Ich liebe nicht die, die verschwinden.‹ Als er den Mond aufgehen sah, sagte er: ›Das ist mein Herr.‹« Als er verschwand, zweifelt er langsam an seine Suche. Doch »als er die Sonne aufgehen sah, sagte er: ›Das ist mein Herr, dies ist noch größer.‹«[46] Aber auch die Sonne wird verschwinden und Abraham enttäuschen, sie für einen Gott gehalten zu haben, sodass er es aufgibt, nach immer Größerem zu suchen, und vor allem einsieht, dass er Gott im Falschen gesucht hatte. Auf seiner Suche verlässt er Raum und Zeit und gesteht: »›Ich wende mein Angesicht Dem zu, der die Himmel und die Erde erschaffen, reinen Glaubens, und ich gehöre nicht zu den neben Gott Anderes Stellenden.‹«[47] Abraham scheitert. Doch sein Scheitern endet nicht in Enttäuschung oder Verbitterung, sondern in einer Einsicht. Als würde ihn Gott treffen, sieht er plötzlich klar. Er erfährt einen Gottesmoment, indem er von den Dingen ablässt, nichts vergöttlicht und vergöttert, hinter die Dinge blickt, die nicht im Werden begriffen sind, also nicht entstehen und vergehen, sondern den bleibenden Grund von allem bilden. Der unverfügbare Gott bleibt Sehnsucht, die den Menschen nicht in seiner Unruhe auffängt, seinem pulsierenden Herzen Stillstand schenkt; vielmehr ihn mit seiner unstillbaren Unruhe, mit seinem Unfrieden versöhnt. Wir bleiben in Unruhe für die Unverfügbarkeit.

Inmitten dieser Unverfügbarkeit vollzieht sich unser Leben. Ich sehe drei Weisen, wie Menschen damit umgehen; ich nenne sie: ein Leben *ohne Gott*, ein Leben *mit Gott ohne Gott* und ein Leben *ohne Gott mit Gott.* Ohne Gott scheint alles endlich zu sein oder in einer diffusen Form nie endend. Im alltäglichen Kalkül, im Errechnen unseres Erfolgs, im Verrechnen unserer Güter, in unserer Konsum- und Verbrauchshaltung kommt Gott eigentlich nicht vor, sodass wir uns immer mehr an den Gedanken gewöhnen, dass sich das Leben ohne Gott vollzieht. Alles Göttliche, Heilige wirkt deplatziert. Gibt es überhaupt heilige Orte, verlässliche? Oder ist alles begehbar, bebaubar, bewohnbar und letztlich entzaubert? Räume und Zeiten sind vollständig messbar, zählbar, zuweilen technisiert und digitalisiert. Sie werden funktionalisiert, in Produktionslogik, Reproduktionsfantasien und in Leistung eingeordnet. Für Gott bleibt kein Raum, keine Zeit, denn er scheint keine Rolle im Leben zu spielen.

Ohne Gott gießt sich das Leben in eine Leere hinein, die sich letztlich nicht verwandelt. Für eine Zeitspanne ist Sinn gestiftet, aber er hat keinen bleibenden Geschmack, entlang der Zeit bricht der Kreis des Lebens auseinander. Der Sinn ist da, um zu vergehen. Aber es ist nicht einfach nichts. Genau hier lässt sich die Poesie eines Lebens entdecken, das *ohne Gott* um diesen vergänglichen Sinn kreist, ohne den Gedanken an ein (ewiges) Morgen, einen bleibenden Grund. Vielmehr ist das Vergehende das Aufscheinen eines Gottes im Übergang. Treffender kann man ihn als einen »Gott auf Zeit« begreifen, der der Endlichkeit einen Sinnüberschuss verleiht, indem er diese Endlichkeit selbst ist. Ohne Gott ist das Endliche unendlich aufgewertet, denn es ist dann alles, was ist, was wir haben. Allein unser Leben hier, unser endliches, ephemeres Leben ist prinzipiell nicht habbar, aber als solches das Einmalige und das Größte, das sein kann, weil es nichts gibt, was es überschreiten würde. Die Endlichkeit ist eben ein »Gott auf Zeit«, ein Gott, der ist, um sich auszulöschen, ein Vorübergehender. Das Leben im Hier und Jetzt zu entwerfen erhöht und intensiviert dieses endliche Leben ins Unendliche, indem es zur ausschließlichen und totalen Perspektive wird: Jeder Zweck, jeder Sinn, jeder Wert ist allein und gänzlich im Endlichen zu suchen.

Unmittelbar nach dem Tod Maradonas malte ein Künstler sein Bildnis auf eine der Wände seiner ersten Wohnstätte in Buenos Aires. Übergroß ist er umrahmt von einem Heiligenschein. Und die Baracke heißt treffend: »Haus Gottes«.

Ohne Gott ist der Mensch ein endliches Wesen, das *endlich* vergeht. Insofern wird das Ende des Menschen als Stillstand aller Bedeutungen begriffen, die mit ihm oder spätestens mit dem großen Ende aller Dinge entschwinden wird. Hier erhält das Leben seine Poesie durch die Neigung, nichts zu werden. Kann das Leben aus Tagen bestehen, die von einem Tag zum anderen weiterfließen und irgendwann, an irgendeinem Tag, enden? Die Tage waren nicht sinnleer, in ihnen hat sich Lachen und Weinen, Freude und Trauer, Glück und Unglück, buchstäblich das Leben mit allen seinen Facetten ereignet. Aber es waren dennoch Tage, nur Tage, die aneinandergereiht sind.

Ohne Gott lässt man von der Welt ab, endgültig. Der Mensch ohne Gott blickt in sich und sieht nichts, was sich transzendieren will, nichts, was über sich hinausragt. Darin besteht eine eigene Poesie des Lebens, die ohne die ewigen Bilder in sich, ohne ein leises Versprechen der Ewigkeit, sich der Vergänglichkeit verschreibt.

Diesem (vermeintlich »ungläubigen«) Leben »ohne Gott« steht ein (vermeintlich »gläubiges«) Leben gegenüber, das ich nenne: »mit Gott ohne Gott« zu leben. Mit Gott ohne Gott lässt man nicht endgültig von der Welt ab, sondern man hat bereits von der Welt abgelassen. Die Welt wirkt wie ein Vergangenes, Abgeschlossenes. Jede Farbe scheint blass, jeder Geschmack fad, jede Melodie abgeklungen. Hier hat der Zauber der Hingabe sein Ende erreicht. Nichts wirkt dabei entheiligter, entweihter, entzauberter als der Name Gottes selbst, der überpräsent ist, aber substanzlos geworden ist, als würden wir entkoffeinierten Kaffee als Kaffee trinken, flackernde elektronische Kerzen als Kerzen wahrnehmen oder ein Gemälde allein in seiner massenhaften Vervielfältigung betrachten. Ein Gemälde, tausendfach in jedem Souvenirladen erwerbbar, soll den Anschein erwecken, man hätte die Schönheit des Gemäldes eingefangen – auf einer Tasse, als Schlüsselanhänger ... In Wahrheit aber haben wir allein Anteil an dem Schein, der suggeriert, das Schöne, das Erhabene sei käuflich, konsumierbar, überhaupt verfügbar. Doch in Wahrheit entwertet diese Überpräsenz das Eigentliche, nimmt seine Einmaligkeit, seine wirkende Gegenwart, seine Unverfügbarkeit hinweg.

Wir sind Zeuge einer inflationären Götterpräsenz. Es gibt kaum einen Zeitungsbeitrag über Maradona, in dem nicht das Wort »Gott« Verwendung findet. Seine Sendung für das argentinische Fernsehen nannte man »Gottes Nacht«. Die Rede von Gott ist omnipräsent, selbst in der Alltags- und Jugendsprache, in der Popkultur und in der Politik, aber je mehr der Name Gottes hörbar wird, umso mehr verliert er seinen Reiz. Das kann tatsächlich als eine subtile Form postmoderner Entgöttlichung begriffen werden.

»Mit Gott ohne Gott« zu leben heißt: Der Name Gottes wird hier zu etwas, mit dem sich einige schmücken, mit dem einige herrschen, mit dem einige Gewalt anwenden, andere unterdrücken und Unrecht begründen. Aber je mehr dieser Name in Anspruch genommen wird, umso weniger ist er anwesend. Denn Gott ist bloß zu einem Namen, einem rigiden Phantom degradiert. Im Kern wird im Namen Gottes alles Leben verneint, um entgegen jeder Offenheit und Lebenspulsation alles Göttliche mit einem Gottüberschuss zu zersetzen. Mit diesem Namen ist jede Poesie des Lebens verabschiedet.

Als die Gotteskämpfer Kabul eingenommen haben, dachte ich als dreizehnjähriger religiös höchst musikalischer Junge, dass endlich der lang ersehnte Frieden eingekehrt sei. Meine Hoffnung hat sich aber rasch zersetzt in Enttäuschung über die religiös-verstörende Haltung dieser Menschen, die ununterbrochen den Namen Gottes im Mund hatten, aber keine Demut zeigten vor ihrer eigenen Fehlbarkeit. Nichts von der Poesie Gottes, die mich in meiner Kindheit und meinen frühen Jugendjahren geprägt hatte, war anzutreffen. Der Name Gottes wirkte wie eine unendliche, unerbittliche Androhung. Dieses verstörende Gefühl hat mich seit meiner Kindheit nicht mehr verlassen, als wollte es in mir altern. Das Gefühl ist immer mehr zu einem bleibenden Schmerz geworden, zumal das Heiligste davon betroffen ist. Vor allem drängte sich dieses Schmerzgefühl deshalb auf, weil es unentwegt Widersprüche erzeugt. Wie kann man Gott-Hingegebenen im Namen Gottes Gewalt antun, sie in die Flucht treiben? Gott ist für diese Gotteskämpfer, ob sie die Mujaheddin waren oder heute die Taliban sind, die al-Qaida oder die IS-Kämpfer, völlig verfügbar. Sie wissen, was Gott will, sie wissen endgültig, was zu gelten und was zu verneinen ist. Sinn für Offenheit, für Interpretation, für Meinungsverschiedenheit, für Mehrdeutigkeit, Ungeklärtheit, überhaupt für Komplexität ist nicht vorhanden, aber umso mehr die eigene Selbsterhöhung. Jedes Mittel, ob Drogenhandel, Menschenhandel, Ermordung, Misshandlung, sexuelle Gewalt, Diebstahl, Terroranschläge bis hin zu Selbstzerstörung, ist für den großen Zweck gerechtfertigt. Der große Zweck hat einen Namen: Gott. Sein Wille, sein Entschluss soll vollstreckt werden. Mit Gott ist alles zu rechtfertigen – scheinbar. Mit Gott. Immer wieder mit Gott. Mit einem Gott, der so verfügbar, so internalisiert zu sein scheint, dass es keinen Abstand, keinen Zweifel, keine Demut, keine Mehrdeutigkeit mehr gibt. Die poetische Unschärfe, der Widerstand gegen die Eindeutigkeit, die Einsicht in die eigene oder kollektive Verfehlung sind dieser Haltung ausdrücklich fremd. Daher schlägt der Angriff der Gotteskrieger auf das offene, ambigue, poetisch-ästhetische Leben um in einen Angriff auf Gott selbst.

Die verfehlte Anstrengung, dass alles wert sei, im Namen Gottes zerstört zu werden, bringt unweigerlich eine große, übergroße Blasphemie hervor, die nicht nur *ohne Gott* auskommt, sondern die Wirklichkeit Gottes, seine Erhabenheit, seine unerreichte Würde und Schönheit aushöhlt, entwertet, entzaubert. Diese im Kern nihilistische Haltung muss sich auf Gott berufen, um ohne Gott auszukommen. Ihre Gefährlichkeit besteht wesentlich darin, dass in ihrer narzisstischen Selbststeigerung, Vollstrecker göttlichen Willens zu sein, ihre Selbsttäuschung verankert ist, Gott als eine verfügbare Größe angenommen zu haben. Doch ein verfügbarer Gott wird verbraucht, entleert.

Die vergöttlichende Verehrung Maradonas relativierte seine unbestritten vorhandene göttliche Gabe, seinen Zauber. Im Jahre 1998 haben einige Freunde von ihm die Kirche Maradonas *(Iglesia Maradonia)* erfunden, um ihrer Verehrung einen konkreten Ausdruck zu verleihen. Bald entstanden die Zehn Gebote der Kirche Maradonas: »Der Ball soll nie befleckt werden; Du sollst das Wort von Diegos Wundern in die Welt tragen; Du sollst deinen Sohn Diego nennen; Du sollst Fußball über alles lieben und so weiter.«[48] Die eigentliche Ironie dieser scheinbaren Parodie, die den 30. Oktober, also den Geburtstag des Meisters, als *Maradonianischen Weihnachtstag* feiert, besteht darin, dass sie nicht die Religion, die Zehn Gebote, religiöse Narrative entleert, entwertet, sondern im Kern Maradona selbst entzaubert. Maradona wurde verbraucht, vermarktet, religiös inszeniert. Das Aufscheinen Maradonas wurde somit absolut verendlicht. Nicht nur der Drang, alles an ihm und von ihm zu dokumentieren, sondern auch der Drang, alles an ihm verfügbar zu machen, um somit dem Göttlichen nahe zu sein, nahm ihm beinahe die Schönheit.

Es gibt ein Drittes: Ich nenne es: »ohne Gott mit Gott« zu leben. Ohne Gott mit Gott: Dann sehe ich in allem Endlichen das Unendliche aufscheinen. Der muslimische Mystiker Ibn Atâ (gest. 922) legt uns ans Herz: »Hab also Gott vor Augen in deinem Innersten und deinem sichtbaren Äußeren!«[49] *Ohne Gott mit Gott* lässt man nicht von der Welt ab. Die Welt ist das Werdende. Gott ist der Name einer Poesie von Morgen, eines Seufzers in der Nacht, einer Hoffnung, die das Leben nicht überdehnt, sondern verdichtet und dadurch ins Offene und Weite trägt. *Ohne Gott mit Gott* gießt sich das Leben in eine Leere hinein, die sich immerfort verwandelt. Sie findet keine Fülle, kein Ende, aber eine fortwährende Entleerung. *Ohne Gott mit Gott* erfahre ich mich als ein endliches Wesen, das aber *unendlich* vergeht.

Doch ob *ohne Gott* oder *mit Gott* bleibe ich ohne ihn. Denn Gott kommt in diesem Leben so oder so nicht vor, selbst wenn wir unbedingt an ihn glaubten. Er kommt nicht vor, nicht als sichtbarer, nicht als hörbarer, nicht als antreffbarer Gegenstand der Welt. Ein Sinnbild für diese Haltung im Leben stellt die Geduld dar. In ihr zeigt sich der Langmut, *mit* der Unverfügbarkeit Gottes leben zu lernen. So wurde der muslimische Mystiker Schibli (gest. 946) von einem Mann gefragt, welche Geduld für die Geduldigen am schwersten sei. »Er antwortete: ›Die Geduld in Gott.‹ Der Mann sagte: ›Nein!‹ Schibli: ›Die Geduld für Gott.‹ Der

Mann: ›Nein!‹ Schibli: ›Die Geduld mit Gott.‹ Der Mann: ›Nein!‹ Da wurde Schibli zornig und sagte: »He du, was denn?« Der Mann antwortete: ›Die Geduld (es auszuhalten) ohne Gott.‹ Da stieß Schibli einen Schrei aus, daß er fast den Geist aufgegeben hätte.«[50]

Gott ist nirgends, und die Welt: gottarm. Diese Armut hat aber einen besonderen Charakter, der erst aus der Hingabe zu Gott erwächst, um die Poesie des Lebens als Sinn und Geschmack für das Unverfügbare zu enthüllen. Diese Selbsthingabe besteht darin, das Leben ohne Gott als Atmen mit Gott zu ergreifen. Im Koran wird diese Idee der Armut, dass die Welt und insbesondere der Mensch sich nicht genügen, herausgestellt: »O ihr Menschen, ihr seid Bedürftige Gottes!«[51] Hier werden Gott und Mensch in eine außerordentliche Beziehung gesetzt. Bedürftigkeit.

Bedürftige Gottes zu sein soll zum einen zeigen, dass Gott keine dekorative Größe bedeutet, keinen Geschmacksverstärker, der als Zutat zum Leben begriffen werden könnte. Gott betrifft den Menschen ganz und gar. Zum anderen bleibt der Mensch auf Gott bezogen – in bleibender Bedürftigkeit. Er bedarf Gottes, um das zu sein, was er werden soll: ein Mensch. Insofern ist das Höchste, wozu sich der Mensch aufschwingen kann, ein Diener, eine Dienerin Gottes zu sein. Die Erfüllung der Gottbezogenheit besteht darin, sich mit der eigenen Bedürftigkeit zu versöhnen. Glauben heißt letztlich: die Unverfügbarkeit Gottes bedürftig auszuhalten. Dieses Aushalten der Unverfügbarkeit Gottes und meiner Bedürftigkeit, die nicht abnimmt, sondern vielmehr zunimmt, bis sie mein ganzes Dasein ergriffen hat, macht das gläubige Leben aus. Ich bin diese wesentliche Armut. Daher sagt der mystische Dichter Rūmī: »Was für eine Erleichterung, leer zu sein! Dann kann Gott dein Leben leben.«

7 Das Unverfügbare oder: Mit Gott atmen

»Das Wasser ist das Gottgedenken.«
Maulānā Rūmī

Welche Geltung kann eine Wirklichkeit haben, die sich unserer Verfügungsgewalt entzieht? Welche Geduld muss man aufbringen, um seine Lebenszeit ans Unverfügbare zu binden? Der Glaube ist keine gewöhnliche Tat. Er ist im äußersten Sinne ungewöhnlich, denn er fordert alles ab, den ganzen Menschen, und beansprucht die unbedingte Geltung. Doch was gibt er dafür? Gewissheit? Erlösung? Glückseligkeit? Leichtigkeit? Zumindest lässt sich darin kein Rezept fürs Leben entdecken. Denn es gibt nichts, woran wir uns halten können: Alles ist vergänglich, selbst unsere Vorstellung von Gott – ebenso wie die von uns selbst. Wir sind als Glaubende vielmehr auf uns selbst zurückgeworfen, in uns verwurzelt, ohne dabei in uns heimisch zu sein. Dieser Glaube scheint daher eine Zumutung zu sein, der nicht jeder Mensch standhalten kann, weil sie den Menschen an seine Grenze bringt. Aber selbst dann, wenn wir am Glauben scheitern, scheitern wir nicht am Unverfügbaren. Dessen Unbedingtheit trägt selbst das Fragile, das Schwache, das Gebrochene. Die Unverfügbarkeit des Glaubens lässt uns mit unserer eigenen Unverfügbarkeit in Berührung kommen:

dass wir Werdende sind. Wer kennt sich selbst, wer ist Herr im eigenen Haus? In uns selbst aber tragen wir den Drang, aus welchem die Zumutung entspringt, nach dem zu greifen, was uns unverfügbar ist. Ein Narrativ über Mose im Koran verdeutlicht diese Spannung für mich am eindrücklichsten. Mose war auserwählt. Er war von Gott angesprochen und stand unter dem Anspruch Gottes. Dennoch genügten ihm die Worte Gottes nicht. Er sagte, wie der Koran bezeugt: »Mein Herr, zeige Dich mir, dass ich Dich schaue!«[52] Ihm genügten nicht Worte und Botschaften, Symbole und Wunderzeichen. Er will konkrete Sichtbarkeit, visuelle Verfügbarkeit, sodass sich der Ewige ihm ganz ausbreite, denn erst dann scheint er Gewissheit zu erlangen.

Mose ist nicht nur eine biblische Gestalt, sondern insbesondere auch eine koranische Größe. Sein Leben, seine Lebensgeschichte ist in vielfacher Hinsicht außergewöhnlich. Sein Charakter ist komplex, weder können wir ihn als einen Helden betrachten noch ihm absprechen, ein Held zu sein. Sein Leben ist umwoben von heldenhaften Motiven: seine Kindheit, seine Errettung in einem Kasten auf dem Meer, sein Heranwachsen im Hause des Pharaos, sein Auserwähltsein von Gott. Und: dass er sich dem Pharao entgegenstellt, sein Volk aus der Knechtschaft befreit, das Meer teilt. Dass er die Tora empfängt, mit Gott spricht, die Zehn Gebote empfängt, den Bundesschluss am Sinai begeht. Und zugleich ist er ein verletzlicher und verletzbarer Mensch: Er fühlt sich stets überfordert, kann nicht ganz verstehen, warum ihm die Ehre und Pflicht zukommen, sein Volk aus den Fängen des Gewaltherrschers zu befreien.

Sein Verlangen, dass Gott sich ihm zeige, ist zunächst allzu verständlich. Aber zugleich hat es den Anschein der Hybris. Mose will das Unmögliche.[53] Sein Wunsch, dass

Gott sich ihm zeige, richtet sich dabei nicht auf ein Sehen im übertragenen, spirituellen Sinne. Im Gegenteil. Mose verlangt nach dem Antlitz Gottes, so dass er ihn mit seinen bloßen Augen sehen kann. Doch das Problem hier besteht darin, dass er Gott hinter einem Vorhang wähnt. Dessen Unsichtbarkeit aber ist göttlich. Nicht, weil es sich nicht ziemt, gesehen zu werden, nicht, weil das Geheimnis Gottes verlorenginge, wenn er sich zeigte, nicht um sein Antlitz erst im Jenseits aufscheinen zu lassen, sondern weil es nicht möglich ist, Gott zu sehen. Gott spricht. Das ist sein Offenbarwerden – am brennenden Dornbusch, im Traum Abrahams, im Schmerz Jakobs, in der Geduld Hiobs, in der Stille Josephs, wenn er in den Brunnen geworfen wird, im Herzen Mariens, dass sie ein Kind erwartet, obgleich von keinem Mann berührt, in der Berghöhle Muhammads. Aber Mose will, dass Gott sich zeige.

Das ist der Wunsch nach Unmittelbarkeit, der Wunsch, der sich als ein Nein darstellt. Es ist ein Nein zur Verborgenheit, zur Unverfügbarkeit, zum »bloßen« Wort. Kein Vorhang, keine – mit Nietzsche gesprochen – »Hinterwelt«, kein mythischer Bezirk, keine Finsternis soll ihn verborgen halten. Mose will das Aufleuchten Gottes, sein Heraustreten ins Sichtbare. Er richtet sich gegen die Unnahbarkeit Gottes. Mose will Gewissheit, aber eine restlose, die ein für alle Mal gelten soll. Endgültig. Gottesschau.

An Mose erkennen wir uns wieder, dass wir nicht zu stillen sind, dass wir immer mehr haben wollen: Mose vernimmt die Stimme Gottes, was allein als solche eine außerordentliche, ergreifende Erfahrung ist, aber er will mehr: Er will Gott sehen. Daher spricht der Ewige zu Mose laut dem Koran: »›Du wirst Mich nicht sehen, aber schau den Berg an! Wenn er bleibt an seiner Stelle, dann wirst du Mich sehen.‹

Als sein Herr dem Berg erschien, ließ Er ihn zu Staub werden, und Mose fiel zu Boden wie vom Blitz getroffen.«[54]

Der Wunsch des Mose durchbricht nicht die Unverfügbarkeit des grenzenlosen, lebendigen Gottes, und dennoch bleibt Mose nicht unberührt, nicht unberührt von dessen Wahrheit. Er fällt in Ohnmacht. Er erwacht. Und er erhebt sich. Und Gott bleibt nicht draußen. Es gibt kein Draußen, kein Draußen Gottes, aber sehr wohl ein Erwachen. Es ist das Erwachen für einen Gleichklang des scheinbar Getrennten. Mose erblickt nicht Gott, aber er erschaut sich selbst in Gott. »Preis Dir!«, wird er sagen, denn der Inhalt seiner Selbstschau ist die Erfahrung des Erhabenen, der Herrlichkeit, wenn man an die motivische Parallele in der Tora denkt: »Lass mich doch schauen deine Herrlichkeit!«[55]

Mose fällt in Ohnmacht, er entfernt sich von seinem Bewusstsein, indem er sieht, was geschieht, wenn sich der Ewige zeigt. Eine erschütternde Erfahrung. Er scheitert daran, Gott sehen zu können, sodass wir mit ihm erneut lernen können, was es heißt, mit dem, was wir haben, mit dem, was wir sind, dankbar einverstanden zu sein, ohne uns in dem Wahn nach immer mehr und immer mehr aufzuzehren, der uns allmählich »wie verzehrendes Feuer«[56] ausbrennen wird. In Sure 7 des Koran wird Mose nicht ein anderer Mensch vorgestellt, der zu Staub würde, weil seine Augen es nicht ertragen, Gott zu sehen. Es ist ein Berg, ein Motiv für Größe und Schwere und Anmut, aber ohne Augen und Willen. Gott wendet sein Antlitz zum Berg und lässt den Berg zu Staub werden. Der Berg geht nicht zugrunde, weil er Gott sah und den Anblick Gottes nicht ertrug, sondern Gottes Gegenwart bewirkt dies, Gott erscheint, um ihn zu Staub werden zu lassen. Bei dem Dichter Rūmī heißt es: »Wenn Gott der Erhabene sich auf dem Berge durch einen Schleier offenbart, so schmückt Er ihn mit Bäumen und Blumen und Grün. Wenn Er jedoch sich ohne Schleier offenbart, zerstört Er den Berg und macht ihn zu Staub.«[57]

Gottes Unverfügbarkeit bleibt, weil er das Unverfügbare selbst ist. »Und als er zu sich kam, sagte er: »Preis Dir! Ich kehre zurück zu Dir, und ich bin der Erste der Gläubigen.«[58] Diese Einsicht ist kein Zufall, keine gehorsame Reue. Mose erkennt die Unverfügbarkeit Gottes, indem er sich mit ihr versöhnt. Auch in der Tora wird Gott seine Bitte ausschlagen – mit dem bedeutenden Hinweis: »Du vermagst nicht mein Antlitz zu schauen, denn nicht schauet mich ein Mensch und lebet.«[59] Er darf den Ewigen während er vorüberzieht, »von rückwärts« schauen, aber nicht sein Antlitz. Anteil wird er haben an Gottes Herrlichkeit, aber nicht von Antlitz zu Antlitz, nicht unmittelbar, denn die Unverfügbarkeit Gottes ist auch in der Hebräischen Bibel zentral, obgleich dort Gott mit Mose spricht »Auge um Auge, wie Menschen miteinander reden«[60].

Das Problematische am Verlangen des Mose entlang der koranischen Erzählung scheint in der Annahme einer Zwei-Welten-Lehre verankert zu sein: eine Vorstellung, die eine verborgene Götterwelt, einen verschlossenen Götterhimmel von der Welt der Erscheinung unterscheidet. Genau dies wird entkräftet, indem das unmittelbare Offenbarwerden Gottes nicht verschoben und verzögert wird, nicht vertagt wird, sondern in der Bejahung des Lebens als Erleben des Augenblicks hervortritt. Den gegenwärtigen Augenblick, wenn Gott spricht, erkennt der erwachte Mose als ein Jetzt, welches den Menschen für das Ewige und mithin auch für seine Unverfügbarkeit eröffnet.

Gott ist offenbar in diesem Zwischen, in diesem Ja. Wir erkennen hierbei keinen Nebel der Undurchsichtigkeit. Mose nimmt seinen Willen zurück. Seine Einsicht erfolgt in der Überführung von seinem Nein zur Unverfügbarkeit zu seinem unbedingten Ja. Der Berg wird zu Staub. Darin erkennt Mose, dass im Akt des unmittelbaren Aufscheinens göttlicher Präsenz nichts neben dem einen Gott existieren kann. Sein Aufleuchten ist die Unverfügbarkeit überhaupt. Daher wird er daran erinnert: »So nimm, was Ich dir gegeben habe, und sei einer der Dankbaren.«[61] Im Dank erfüllt sich diese Beziehung, im Dank zeigt sich die Annahme Gottes, die Geltung seines Wortes, die Einsicht in seiner Gabe, die Haltung zu seiner Unverfügbarkeit. Das Leben mit Gott muss daher ohne Gott auskommen.

Wie alle anderen biblisch-koranischen Figuren ist auch Mose eine Erzählung der Zukunft und nicht eine vergangene, veraltete Geschichte. Seine Geschichte ergreift uns, weil wir uns selbst in seiner Geschichte erkennen. Mose ist der Prototyp eines suchenden, ruhelosen Menschen. Er ist ein tief gläubiger Mensch, aber er ist auch voller Zweifel. Immer wieder und immer erneut ist er mit seinen Aufgaben, mit seinem Auftrag überfordert. Was Gott von ihm verlangt, ist Vertrauen, Demut. Und spätestens hier erkennen wir uns in ihm wieder: dass wir gerne glauben und vertrauen wollen, aber in einer Welt voller Ungerechtigkeiten, des Krieges, der Armut, der Klimakatastrophen, sexualisierter Gewalt, Ungleichbehandlung der Frauen, des alltäglichen Rassismus, der eigenen Schwäche und Bequemlichkeit nicht einfach glauben und auf Gott vertrauen können. Wir sind wie Mose mit unseren Grenzen, mit unseren endlichen Kräften konfrontiert, die uns auch den Mut nehmen, uns gegen all das aufzulehnen, was nicht rechtens ist. Mose wird Gott sagen, dass er mit all seinen Unzulänglichkeiten nicht in der Lage ist, gegen den Pharao für die Befreiung seines Volkes zu kämpfen. Gott wird ihn daran erinnern, dass er bei jeder Heimsuchung, die ihn in der Vergangenheit getroffen hat, bei ihm war. Und er fasst Vertrauen, weil er Gottes Gegenwart als Quelle des Guten und Gerechten in sich selbst spürt. Wir lernen, dass wir mehr bewegen können, uns für das Gute stark machen können, wenn wir es wollen. Wir lernen mit Mose, dass keine Instanz, keine gewalttätige und diskriminierende Macht mächtig genug ist. Wir haben, bildlich gesprochen, alle den Stab von Mose in den Händen, den er zwar in der Hand hatte, aber nicht erkannte, was er in Wahrheit in der Hand hielt. Der Stab ist eben ein Symbol dafür, dass wir über einen Willen verfügen, der stärker ist als jede Ungerechtigkeit, die uns einschränkt und weniger Mensch sein lässt.

Zur Poesie des Lebens gehört unabdingbar, den Drang, die Lust, zu suchen, wachzuhalten. Die Einsicht in die Unverfügbarkeit Gottes versiegelt nicht die Sehnsucht, sondern stiftet sie erst. Bei dem muslimischen Dichter und Mystiker ʿAṭṭār heißt es in Bezug auf das legendäre Liebespaar »Leila und Madschnun«: »Ein Mann sah Madschnun sehr betrübt, wie er auf dem Weg den Wegstaub siebte. Er fragte: ›Was suchst du denn da, Madschnun?‹ Der sagte: ›Ach, ich suche immer Leila!‹ Er sprach: ›Du findest Leila nicht im Staube – liegt wohl im Staube eine reine Perle?› Madschnun sagte: ›Ach, ich such' sie überall – vielleicht, vielleicht find' ich sie doch einmal.‹«[62] Hingabe kennt keinen Schlusspunkt. Es geht hier nicht um eine narzisstische Unfähigkeit, einen Abschluss zu finden, noch weniger um einen Exzess der unabschließbaren Produktion und Leistung, sondern um das unstillbare Begehren nach dem Erhabenen, worüber wir niemals gänzlich verfügen. Die Erfahrung des Erhabenen ist immer momenthaft, fragmentarisch, vergänglich in ihrer Dauer, bleibend in ihrer Intensität.

Maradona ist vergangen, aber sein göttliches Spiel, der Augenblick, in dem er, wie er selbst einmal sagte, »den Himmel berührte«, hat den Tod überdauert. Insofern wirkt die Unverfügbarkeit Gottes als Sehnsucht im Menschen gegen die Verengung des Lebens. Sein Zauber, seine Poesie erfüllt sich im Übergang, flüchtig, aber unbedingt.

Die viel beachtete US-amerikanische Serie *This Is Us* zeigt in sechs Staffeln und 106 Episoden das Leben eines Ehepaares (Jack und Rebecca) mit ihren drei Kindern, die am selben Tag geboren werden. In der Serie spielen Gott, Religion, Glaube kaum eine Rolle. Das ist bemerkenswert, wenn man bedenkt, wie intensiv die meisten anderen Qualitätsserien, ob *Game of Thrones* oder *Homeland*, religiöse Narrative aufgreifen und anwenden. Dann aber gibt es die eine Szene:[63] Jack ist im Wartezimmer des Krankenhauses und kann nicht die Spannung aushalten, einfach zu warten, bis seine Frau die drei Kinder zur Welt gebracht hat. Er läuft hin und her, hadert mit sich selbst, nicht helfen zu können, nahe der Verzweiflung. Da rät ihm eine Krankenschwester, dass er vielleicht in die Kapelle des Krankenhauses gehen und beten könne. Etwas überrascht nimmt er den Ratschlag an. Gleichzeitig erfahren wir, dass ein afroamerikanischer Vater, William, seinen an diesem Tag geborenen Jungen vor einer Feuerwache aussetzt und er dann in dasselbe Krankenhaus gebracht wird. Jack und seine Frau werden einen von den Drillingen verlieren. Der Schmerz ist sichtlich tiefgreifend. Doch dann erfährt Jack von dem ausgesetzten Jungen, der da liegt, neben seinen Kindern. Und er wird ihn adoptieren. Aber zuvor wird William noch ins Krankenhaus kommen, seinen Sohn aus der Ferne beobachten und dann in die Kapelle gehen, ungläubig den Raum anblicken, und er wird eine Kerze anzünden. »Vergib mir!«, wird er sagen, weinen, sonst kaum etwas verlautbaren können. Bevor er geht, wird er noch weinend sagen: »Bitte stehe ihm bei! Bitte schütze ihn!« Während William die Kapelle verlässt, tritt Jack hinein. Sie sehen sich – für einen flüchtigen Augenblick. Aber zugleich sind sie füreinander unsichtbar. Jack steht nun vor Gott. Er weiß nicht, dass er ein Kind verlieren wird. Er weiß nicht, welcher Schmerz ihn ergreifen wird. Und er weiß nicht, warum genau dieser Verlust seines Sohnes, dieser Schmerz erst ermöglicht, dass er als Segen, als Schutz und Beistand eines anderen Kindes aufscheinen kann, das ihm zu einem außergewöhnlich besonderen Sohn werden wird. Jack steht nun vor Gott. Bevor er Gott anklagt, dann anfleht und mit ihm hadert, wird er keine Kerze anzünden, sondern seine Hände erwärmen – über genau der Kerze, die William angezündet hat. Sie werden sich nie wieder begegnen, nicht erfahren, dass sie sich gesehen haben, dass die Flamme der Kerze, die William anzündete, diese Leuchte als Zeichen seiner Gabe, seines flehenden Herzens, Jacks Hände erwärmt hat als Zeichen des Segens, der Fülle, die seine Leere, seinen Verlust aufwog. Sein Leid bleibt, es ist nicht vergessen, aber überwunden. Eine Begegnung der Unverfügbarkeit, ein Gottesmoment. Beide sind nicht besonders religiös, beide verfügen nicht über diesen Augenblick, beide finden aber Zuflucht bei Gott, beide hadern, aber sie sind in ihrem jeweiligen Schmerz, in ihrem Verlust, dass sie beide einen Sohn verloren haben, füreinander Erfüllung. Und genau darüber verfügen sie nicht. Aber gerade darin liegt der Zauber des Lebens.

Als Kind wollte ich wissen, wie die Schneeflocken auf die Erde fallen. Meine Eltern gaben mir zunächst eine sonderbare Erklärung: Es seien unsichtbare Engel, die die einzelnen Schneeflocken auf die Erde heruntertragen, sodass sie nicht auseinanderbrechen und ihre schöne Form verlieren. Wenn es dann schneite, betrachtete ich die Schneeflocken durch das Fenster so genau, so ernst und suchend zugleich, um vielleicht Engelhaftes zu erblicken, um den Augenblick nicht zu verpassen, wenn ein Engel aus Unaufmerksamkeit sichtbar wird. Innerlich war ich gespannt, von Hoffnung getragen, und ich betete zu Gott, dass er mir zeige, was nicht sichtbar ist, als würde alles auf dem Spiel stehen. Ich sah aber nur Schneeflocken, die sich sanft der Erde anvertrauten. Keinen Engel. Nichts von den zauberhaften Flügeln sichtbar.

In gewisser Weise hat sich nichts geändert: Ich bin immer noch am Fenster und betrachte das Entstehen und Vergehen der Welt mit demselben kindlichen Ernst und demselben suchenden Blick und frage mich, wie ich mein Leben angesichts dieser Unverfügbarkeit führen soll. Hartmut Rosa hat es treffend formuliert: »Der Schneefall ist geradezu die Reinform einer Manifestation des Unverfügbaren.«[64] Seine Unverfügbarkeit stiftet Unsicherheit, Zweifel, Momente der Leugnung und Einsamkeit, um zugleich bleibende Hoffnung zu sein. Nicht aufhören, die Schneeflocken zu betrachten, in ihrer eintönigen Gleichheit die bunte Wirklichkeit aller Dinge hineinzulesen, das Fenster nicht zu verlassen, die eigene Kindheit nicht von sich loszubinden, auch wenn kein Schnee mehr herunterschwebt, auf ihre unsichtbaren Begleiter und auf die Schneeflocken zu warten lässt die Poesie des Lebens spürbar werden, die sich Gott hingegeben hat. Am Fenster stehen. Die Schneeflocken betrachten, jeden einzelnen und ihren Tanz von oben nach unten. Das Engelhafte suchen, unaufhörlich, unablässig, sehnend sehen wollen, was nicht zu sehen ist. Darin besteht ein Leben, das für Gott atmet.

8

Die schwache Hoffnung

»Ruheloses Kreisen und Wandern im Reihn,
Muß unser ewiges Leben sein.«[65]
Muḥammad Iqbāl

Unser Leben geschieht. Es kommt nicht in die Welt, nicht für unsere eigene Wahrnehmung, nicht für unsere Erinnerung. Es ist da. Und an ihm haftet der Schein der Verfügbarkeit. Der Schein einer Verfügbarkeit, die mit einem leisen Versprechen dieses Dasein umhüllt: Es geht weiter, es geht weiter, immer fort. Es ist eben dieser Schein, der das Leben trägt und den wir als Haltbarkeit deuten. Diese Haltbarkeit hat sich aber zugleich zum Maßstab des Lebens erhoben. An ihr lässt sich das Leben messen, bewerten und quantifizieren – mit der Hoffnung, dass alles lange weilt, überhaupt in die Länge gezogen ist: das Alter, das Glück, die Erinnerungen. »Schritt für Schritt«, hören wir, soll es weitergehen. Das Leben in Schritte zu unterteilen scheint deshalb sinnvoll zu sein, weil damit Kontrolle erzeugt wird. Von Walter Benjamin ist der Gedanke überliefert, »daß es ›so weiter‹ geht«, sei »die Katastrophe. Sie ist nicht das jeweils Bevorstehende, sondern das Gegebene.«[66] Erneut holt mich mein Kabul ein. Erneut weiß ich, dass die Herkunft keine Vergangenheit bedeutet. Gerne wird seit der Antike die Vergangenheit als das

Gewesene, nicht mehr Verfügbare betrachtet. Und doch ist sie da, eigentümlich da, unverfügbar verfügbar. Ich stehe am Gleis eines kleinen Städtchens namens Brackwede, südwestlich von Bielefeld gelegen. Neben den vielen Graffiti entdecke ich auf der großen Mauer, die den Bahnhof eingrenzt, unscheinbar das Wort »Kabul«. Ich versuche die Buchstaben, die mit schwarzer Farbe etwas abseits von den anderen Schriftzügen geschrieben sind, einzeln zu identifizieren und blicke ungläubig staunend hin: »Kabul«. Jetzt ist Kabul nur ein Wort auf einer Mauer geworden, das ich flüchtig wahrnehme. Ich will lächeln, die Mauer fotografieren, aber nichts regt sich in mir, außer den stummen Tränen, die aus meinen Augen rinnen, als wäre ich an die dunklen Gassen, an meinen Schulweg, an den Geruch des frisch gebackenen Brots, an die Geräusche der Drachen im Himmel, an den Duft der Rosen im Garten meiner Großeltern erinnert. Das Wort bleibt an der Mauer stehen. Und ich weiß, dass nichts einfach weitergegangen ist. Oder ist alles weitergegangen, sodass nicht das geschriebene Wort, sondern die Mauer mich daran erinnert, »daß es ›so weiter‹ geht«?

Flucht bedeutete für mich bereits als Kind, dass wir die Idee verabschiedeten, »daß es ›so weiter‹ geht«. Insofern stellt jede Flucht den Ausbruch des Menschen aus seinem gewohnten Habitus dar, »daß es ›so weiter‹ geht«. Flucht bedeutet Unterbrechung. Das ist der Name, vielleicht der eigentliche Name der Hoffnung. Und nicht einmal über diese Hoffnung können wir verfügen. Wenn der Schmerz keinen Ausweg kennt, wenn die Mauer der Trauer nicht mehr fällt, dann kann man von der Hölle reden, worin sich die Menschen nicht selten befinden. Hoffnung? Allein das Wort klingt höhnisch. Nur dass die Hölle nichts ist, »was uns bevorstünde – sondern dieses Leben hier«, wie Benjamin sagt, lässt sich am besten in Kabul beobachten. Die Hölle ist, dass es kein Außerhalb der Katastrophe gibt. Es geht weiter. Und genau darüber verfügen wir nicht.

Inmitten der Unverfügbarkeit kann das Leben seinen Halt verlieren. Wo finden wir überhaupt Gehaltensein? Für mich war immer der Koran diese Gewissheit. Nicht die materielle Gestalt des Korans als Schrift, als Buch, umhüllt in vielen seidenen Tüchern, auch nicht primär die inhaltliche Orientierung dieser Schrift, sondern die tönende Sprache, Wortwahl, Wortstellung, Satzbau, Reim, Versmaß, Lautgebung, mit der der geistige Inhalt versinnbildlicht ist, das heißt die Stimme, der Klang seiner Melodie, der Rhythmus seiner Worte, die Atempausen, die Stille dazwischen, die Stille unmittelbar vor seinem Anklang und die Stille unmittelbar nach dem letzten Atemzug seiner Worte, aber zugleich auch die unbändige Wucht seiner Klangfarbe, der Resonanzraum, der plötzlich erzeugt wird, wenn die Stimme die unverwechselbar koranische Klangfülle erreicht. Ist es nicht die Vollendung der Form, die Vollendung einer Sprache, die sich Buchstabe für Buchstabe gegen die Sinn- und Bedeutungs*produktion,* gegen das rein Informative auflehnt, um den Menschen mit Poesie einzufangen und ihn als poetisierend frei, mit Sinn- und Bedeutungs*dichte* zu entlassen? Hier wird nicht ein Gott erdichtet – als letzter Halt und Einhalt gewährende Antwort aller Dinge. Vielmehr ist es die *Dichtung* Gottes, die mit dem koranischen Ereignis die Poesie selbst als Sinnfülle zum Ausdruck bringt und im Glauben kultiviert, um Gott als die Frage aller Dinge zu begreifen. Indem sich die Worte des Korans nicht in ein eindeutiges Register der Bedeutungen einspielen, wird die Botschaft selbst poetisiert, in die Länge gezogen, ästhetisch offenbart, sodass sie sich gegen die Funktionalisierung und

Fixierung wehrt. Dieser Aufstand gegen die Eindeutigkeit als das Gepräge der Poesie öffnet aber nicht einen unendlichen Zug der Bedeutungen, um in der Geste der Postmoderne die Geltung aller Bedeutungen zu behaupten, die dann aber am Ende nichts bedeuten. Sondern die Poesie selbst ist Maß und Geltung der Bedeutungen. Die Offenbarung ist in die reine Sprache entlassen. Diese reine Form der Sprache verkörpert die Poesie. Und die Poesie des Korans, die eine tiefe Empfindsamkeit hymnischer Erhabenheit ausstrahlt, bekleidet, umhüllt die Worte, die Sprache. Nichts ist nackt, obszön, kein Wort entblößt und bloß da, um sich an diese Worte halten zu können, als würde man den empfundenen Leib allein als Vielzahl einzelner Körperteile betrachten. Die Poesie wirkt gegen den Verzehr der Worte. Offenbarung heißt demnach Verzauberung der Welt. Keine Verklärung. Keine Entsagung. Die intensive Verstrickung in das Leben ist das höchste Ziel – ohne es zu vereinnahmen. Die Suche nach einer Sprache, die Eindeutigkeit hervorbringt, fixierte Sinngebung produziert, eine bestimmte Funktion erfüllt, eine Botschaft, eine Information vermittelt, nimmt den Zauber der Sprache, nimmt ihre Seele hinweg, indem sie »die Gegenwart mit strengen Fesseln«[67] bindet. Nicht selten gehört die Haltung zu unserer Gewohnheit, zu rufen: »Entblößt muß ich die Wahrheit sehn.«[68] Doch die Poesie gibt der Sprache die Würde, die ihr innewohnt, ihre Unantastbarkeit zurück. Der Koran ist der Ort, an dem die Sprache nicht verbraucht wird.

Die Frage ist, wie soll das Leben durch die Poesie, durch die religiöse Poesie, die sich in meinem Fall mit dem Koran ins Leben einschreibt, überhaupt Halt finden? Ist die Poesie nicht bloß eine Wortkunst, eine weitere leere Form, die nichts klärt, nichts verfestigt und vor allem nichts vereinfacht? Gehört es nicht zu mir, dass ich nach der Gewissheit, der Letztbegründung, der Sicherheit strebe, dass ich das Poetische letztlich entpoetisieren muss, um Klärung zu schaffen?

Der Glaube verwandelt diesen Hang. Seine Poesie besteht darin, sich vom eindeutigen Zugang zur Klärung – selbst unerreichbar und unauffindbar – zu distanzieren. Die Bedürftigkeit nach Halt selbst wird mit dem Koran verwandelt. Darin besteht womöglich seine eigentliche poetische Kraft. Denn er bietet keinen neuen Halt, neben den vielen Haltestellen, die das Leben selbst anzubieten hat, die aber doch so vergänglich sind;[69] vielmehr wird der Sinn von Gehaltensein in Geborgenheit überführt, die stille Kälte des Lebens, die verrechneten, gezählten Tage des Lebens in die erwärmende Gegenwart Gottes gerückt, dass ich nicht verlassen bin, dass ich allein, aber niemals einsam bin, dass der Tod mich nicht zu Ende bringt, nicht endlich erledigt. Die Poesie des Korans nimmt das Leben in seiner Unverfügbarkeit auf. Der Mensch, sein Leben werden nicht *ding*fest gemacht. Nichts, was den Menschen unbedingt angeht, ist verfügbar. Aber sehr wohl ist die Unverfügbarkeit selbst gegenwärtig: Wir haben kein Leben, sondern sind Lebendige. Wir haben keine Liebe für den Anderen, sondern sind Liebende. Wir haben nicht den Schmerz, die Freude, die Freiheit, den Frieden oder den Tod; wir sind schmerzerfüllte, freudige, freie, friedvolle, sterbliche Menschen. Ob Leben, Liebe, Freude, Schmerz, Freiheit, Tod oder Frieden, sie sind nicht verfügbare Sachen, nicht menschliche *Dinge;* sie sind Menschliches, am Menschen gegenwärtig, leiblich-seelisch spürbar, aber nicht greifbar. Die Poetisierung des Lebens ist somit keine Zutat, keine Schönfärberei, keine Dekoration, sondern eine Einstellung zum Leben, die das Leben zur Hingabe verwandelt. Die Hingabe schließt den Schmerz der Ungewissheit nicht aus. Insbesondere religiöse Poetisierung kultiviert die Einstellung, die Gewissheit im Leben in der nicht stillbaren Suche nach Gewissheit zu gründen. Nichts ist endgültig, nichts endgültig geklärt, nichts zu Ende erzählt, nichts determiniert, nichts kann sich zum trügerischen Besitz erheben, um die Hoffnung zu hintergehen. Der Koran öffnet den Blick für das Unstillbare: »Sag: ›Wäre das Meer die Tinte für die Worte meines Herrn, ja, das Meer würde sein Ende finden, ehe die Worte meines Herrn zu Ende gingen, auch wenn wir noch einmal so viel hinzubrächten‹«[70] Der Koran gebietet also, keinen Halt, keine Ruhestätte zu suchen, sondern sich der Haltlosigkeit, der Unruhe zu stellen. Mit der Hingabe an den einen, unverfügbaren Gott erwacht die Unruhe. Seine Gegenwart, an sich unendlich unverfügbar, wird zur Hoffnung. In dieser bleibenden Hoffnung besteht die Poesie göttlicher Gegenwart, die in mir wirkt, weil er mir näher ist als meine eigene »Halsschlagader«[71], wie es aus dem Koran poetisch erklingt. Diese Poetisierung der Lebenswelt, die in der Hoffnung gründet, dem Lauf der Dinge keinen endgültigen Abschluss zuzumessen, nimmt der Welt die Erscheinung, »was sie ist, ein Grab«[72]. Die Endlichkeit wird damit nicht verklärt, sondern im Gegenteil der Tod wird als letzter Halt dieses Lebens entkräftet.

Die Hoffnung stellt den Widerstand dar, dass nicht die Trennung, dass alles endgültig ins finstere Nichts auseinandergehe, das letzte Wort dieses Lebens sei. Es ist keine starke Hoffnung, sondern die schwache Form menschlichen Ausdrucks, sich einer Wirklichkeit hinzuhalten, die den Menschen überschreitet, »ja, im Gedenken Gottes ruhen die Herzen«[73], heißt es deshalb im Koran. Wird dagegen die Hoffnung als starke Hoffnung empfunden, als unantastbare

Überzeugung, so führt sie zu Selbsterhöhung und Fantasien der Selbstverfügungsgewalt. Diego Maradona repräsentierte solch eine Fantasie, um letztlich daran zu scheitern. Als er nach einem komatösen Zustand wieder Genesung fand, wurde er gefragt, ob er sich nicht mit dem Alkohol- und Drogenkonsum irgendwann umbringe. Er antwortete: »Die Entscheidung darüber, ob ich sterben will, liegt bei mir. Nicht bei den Argentiniern, nicht bei Jesus Christus, nicht bei den Ärzten. Es ist allein meine Entscheidung.«[74] Demgegenüber besteht die schwache Form menschlicher Hoffnung darin, um ihre eigene Fehlbarkeit zu wissen. Jede gelingende Hoffnung ist schwach. Aber in dieser Hoffnung, in der sich der poetisierende Mensch wiederfindet, wird die Schwäche als Schwäche offenbar.

Für diese Einsicht hat jüngst ein Bild meine innere Landschaft eingenommen: Es ist das Bild der »blinden Passagiere« aus dem Flughafen Kabul, die nach der erneuten Machtübernahme der Taliban aus Kabul fliehen wollten. Doch nicht jeder konnte fliehen. Die Flucht bleibt ein Privileg der Vermögenden. Nicht jeder erhielt einen Flugplatz. Wer sind die »blinden Passagiere«? Reisende, die kein Sehvermögen haben? Reisende, die nicht gesehen werden, weil sie sich heimlich auf die Reise begeben? Menschen, die auf ein Flugzeug klettern, sind sichtbar, hörbar, spürbar. Sie kletterten auf das Flugzeug, suchten verzweifelt nach einem Halt, und hielten sich an irgendeinen Teil des Fliegers fest, sichtbarer als die Passagiere innerhalb des Flugzeugs. Das Flugzeug hob ab, und die Menschen hielten sich fest, in ihren Gesichtern war Freude zu sehen, in der Sehnsucht nach Rettung, wohl wissend, dass die einzige Rettung, die sie erwartet, die Rettung vor dem Tod unter den Taliban ist, aber der Selbsttod, den sie wie einen Rettungsversuch inszenieren, unausweichlich ist. Die Todgeweihten wirkten nicht wie lebendige Tote, sondern wie tote Lebendige. Darin besteht die eigentliche Einsicht, warum Afghanistan keinen Symbolcharakter besitzt, kein Motiv und keine Hoffnungsfantasien erweckt. Was wir sehen, ist eine apokalyptische Wirklichkeit, eine Dystopie, die wir sonst aus medialen Fiktionen wie *The Walking Dead* kennen.

Kurz danach fielen sie nacheinander hinunter, in die Tiefe, während das Flugzeug weiterflog. Rettung? Hoffnung? Die Kontinuität der Katastrophe konnte nicht unterbrochen werden. Keine Flucht. Kein Entrinnen aus der Hölle. Ihr Sturz in den Tod war für mich, der fassungslos das Geschehen am Bildschirm verfolgte, der sanfte Fall in meine Er-Innerung. Haben sie in ihrem Fall an Gott gedacht, nach ihm gerufen? Haben sie aus dem Koran einen Vers rezitiert? Gehofft, dass sie in einer anderen Welt Heilung finden? Ich weiß es nicht. Die Erinnerung an sie hat jedes moralische Pathos hinter sich gelassen. Ich wollte sie lebend in Erinnerung behalten, lächelnd, aber meine Erinnerung ist zu ihren Gräbern geworden. Diese Gräber besuche ich nur von Zeit zu Zeit, um nicht zu vergessen, dass ich nicht ihre Hoffnung, sondern sie meine Hoffnung geworden sind. Meine Hoffnung, dass sie den Fall nicht zu Ende gebracht haben, dass sie immer noch fallen und fallen. Das ist eine schwache Hoffnung.

Ein Engel lässt sich von einem Hochhaus fallen. Er fällt. Und mit diesem Fall wird er ein Mensch. Mit diesem Szenario zeigt der Film *Stadt der Engel* (Originaltitel: *City of Angels)* des Regisseurs Brad Silberling aus dem Jahr 1998 die Erfahrung, ein Mensch zu sein. Es ist keine mythische, metaphysische Erzählung einer Menschwerdung, sondern die Erzählung einer intensiven Erfahrung, die mit einem Fall beginnt, um nicht zu enden. Hier wird nicht ein Mensch zum Engelwesen emporgehoben. Es ist der Engel, der sich zum Menschsein entschließt. Was steht auf dem Spiel? Endlichkeit, Zerbrechlichkeit, Sichtbarkeit? Mit einem Schlag ist sein Leben verdichtet, in die Zeit eingedrungen. Er nimmt die schwere und die sanfte Endlichkeit auf sich, berührt die Hand der Frau, die er liebt, beißt in eine Frucht und empfindet Trauer, weil die Frau in seinen Armen stirbt, um – so endet der Film – in der Gegenwart einer Schar der Engel am Strand zu stehen, seine Füße in den Sand zu drücken, ins Wasser zu springen und durch die Wellen hindurch das Meerwasser zu schmecken.

Die Hoffnung, die um ihre Schwäche weiß, zeigt, dass der Mensch keinen anderen Halt benötigt, außer sich seiner höchsten Schwäche, seiner Haltlosigkeit zu stellen. Die schwache Hoffnung gründet in der Einsicht, dass ich nicht alles überblicke, nicht umfassend über meine Existenz verfüge. Der letzte Halt, den es gibt, gibt es nicht. Die Polyphonie des Korans lässt mich nicht einfach in den Abgrund stürzen, aber sie verfügt trotzdem nicht über die Ein-tönigkeit unerschütterlicher Gewissheit, die mich in Versuchung bringen würde, die Wahrheit verkünden zu können. Diese Hoffnung ist nicht einfach schwach. Sie ist doppelt schwach. Sie ist Ausdruck menschlicher Schwäche, nicht über sich verfügen zu können, und zugleich gründet sie in dieser Schwäche, nimmt diese Schwäche als ihre eigentliche Bestimmung auf, indem sie sich dieser Schwäche hingibt. Der Koran vergegenständlicht nicht Gott, gibt ihm keine letzte, vor allem keine menschliche Gestalt. Aber er lässt seine Gegenwart sich ereignen – in meiner Schwäche, für meine Schwäche. Es ist die Schwäche, dass ich nicht Gott erkenne, aber von ihm erkannt bin, dass ich nicht Gott erblicke, aber von ihm erblickt bin,[75] dass ich nicht über ihn verfüge, aber sein Geschöpf bin.

Das Leben findet daher in der Hoffnung zu seiner Poesie, die es für eine Gegenwart öffnet, die keinen Halt kennt. Nichts ist haltbar. Aber die unmittelbare poetische Aneignung des Lebens trägt in ihrer entgrenzenden Gestalt die Einsicht, dass das Leben nicht bedroht ist, jederzeit ein Ende zu finden. Es ist die Einsicht der Hingabe, dass nichts dieser Rastlosigkeit des Herzens ein Ende setzen kann. Muḥammad Iqbāl schreibt: »Wär' unsere Rettung dies: frei sein vom Streben – Das Grab wär' besser als solch Himmelsleben!«[76] Dieser Mensch, den der göttliche Poet der Welt als sein Geschöpf »dichtet«, gewinnt durch seine hingebende, sehnende, unstillbare Selbstpoetisierung einen inneren Bezug zur Transzendenz. Insofern geht es im Islam um eine menschliche Hingabe, also vor allem eine zweifelnde, hadernde Hingabe. Eine Hingabe, die nicht erblindet, Stillstand bewirkt, sondern sehend macht für das, wozu der Mensch als Mensch seine Bestimmung findet, ein Wesen der Unruhe zu sein. Bei Muḥammad Iqbāl heißt es: »Ich fragte einen Greis, einsichtig: ›Was ist Leben?‹ Er sprach: ›je bitterer, je besser dieser Wein!‹ [...] Ich sprach: [...] ›Die Sehnsucht nach dem Weg führt nie zu einem Rastort!‹ Er sprach: ›Den Rastort schließt schon diese Sehnsucht ein!‹ Ich sprach: ›Er ist aus Staub – dem Staub wird man ihn geben!‹ Er sprach: ›Der Same dringt durch Staub, wird Rose rein!‹«[77] Insofern poetisiert der Glaube den Menschen. Wer gelingend glaubt, poetisiert seine Existenz, die alles berührt, aber nichts festhält, die von allem berührt sein kann, aber von nichts festgehalten. Die schwache Hoffnung findet ihre Stärke schließlich darin, dass, auch wenn es keinen Gott gäbe, er sich zum Leben erwecken würde, um diese fragile Hingabe, diesen sanften Ruf zu erwidern. Leben als bejahende Unverfügbarkeit, als Ungewissheit ist Poesie der Halt-losigkeit; alles ist in der Schwebe. Alles fällt. »Wir alle fallen«[78], sagt der Poet Rainer Maria Rilke. Woran kann ich mich halten, worauf hoffen? Allein, dass meine Hoffnung nicht vergehe.

9
Der Kuss

»… ein Kuß – der geschieht!«
Rainer Maria Rilke

Der Kuss ist ein Spiel zwischen Menschen, ein göttliches Spiel, ein Entreißen aus der Einsamkeit. Und der Mensch: ein Wesen der Beziehung. Für den Geschlechtsakt spielt der Kuss keine Rolle. Nicht in jeder Kultur ist der Kuss von derselben Bedeutung, nicht jede Sprache verfügt über ein eigenes Wort dafür. Er hat keine Funktion. Daher kann man von einer ambivalenten und komplexen Kulturgeschichte des Kusses sprechen. Immer dort, wo aber der Kuss funktionalisiert wird, für eine Absicht verfügbar gemacht wird, verliert er seinen eigentlichen Zauber. Der Mafiose, der Pate küsst jemanden auf die Stirn, um zu zeigen, dass er bald sterben muss. Hier geht es nicht um den Kuss, sondern um eine fremde Botschaft, die in den Kuss gelegt wird. Der Kuss gehört daher nicht dem Bereich des Natürlichen an. Wie die Poesie selbst trägt der Kuss sein Ziel in sich selbst.

Ein Kuss geschieht. Und er gehört zu den Geschehnissen, die sich nicht erzählen lassen. Der Kuss beginnt, um nicht zu enden, sondern er geht tief ins Herz hinein und ist für uns, als ob es keine Zeit gäbe, die ihn in Dauer einfängt. »Küsse mich lange, minutenlang«[79], sagt Rainer Maria Rilke. Wissen wir, was wir tun, wenn ein Kuss geschieht? Auch der

Kuss wird einen Anfang gehabt haben, irgendeine Bleibe, suchend, tastend, und doch ist der Kuss ungewiss. Vielleicht deshalb, weil der Kuss alles versammelt, alles verdichtet, weil der Kuss vergangene Stunden, kommende Zeiten nicht kennt. Vielleicht deshalb, weil der Kuss nicht zur Grammatik unserer Sprache gehört, weil der Kuss nichts vergisst, nichts verlässt, nichts verwehen lässt. Vielleicht, vielleicht wissen wir nichts von ihm, weil er nicht verfügbar ist, nicht dinghaft, nicht kalkulierbar, vielleicht, weil er alles von uns weiß. Ein Leben, das sich im Kuss versammelt, im Kuss erwacht, kann sich der Unverfügbarkeit öffnen, die Fülle und Armut des Lebens einatmen, um sich für das Leben zu erheben.

Im Kuss sprechen Menschen miteinander – wortlos überwörtlich, klanglos überklänglich, sodass sie ineinander überfließen, ohne sich gegenseitig zu besitzen, vielleicht aber doch mit dem »Wunsch, einen Teil des Wesens, das man liebt, einzuatmen«[80], wie Giacomo Casanova anmahnt. Und der Kuss ist die einzige zwischenmenschliche Begegnung, die einzige Ineinander-, Füreinander-Atmung, die mit ihrer Sanftheit sprachlos macht – eine Allegorie der Liebe, *»die tiefre Sprache«,* wie Hegel den Kuss einmal nannte. Im Augenblick des Kusses ist Stille, pulsierende Stille. Der Kuss ist der Akt der Stille zwischen Du und Du, zeitlos. Der Kuss ist womöglich die Geste, die zeigt, dass es etwas Größeres gibt als wir selbst, dass die Liebe, der Drang zur Berührung größer ist als wir selbst.

Kurz nach dem Tode von Maradona schießt der Stürmer und Kapitän der SSC Neapel Lorenzo Insigne ein göttliches Freistoßtor gegen AS Rom. Er jubelt nicht wie gewohnt. Er rennt zum Seitenrand, nimmt ein hellblau-weißes Trikot in die Hand, auf dem »10« und »Maradona« stehen und er küsst es, küsst es, küsst es, küsst es. Viermal. Die Wiederholung, dieses Immerwieder, ist das Besondere dieser Geste. Nicht er steht im Mittelpunkt, seine Leistung, sein Tor, seine Freude, sondern die würdigende Liebe, der empfundene Schmerz, der im Kuss, im wiederholten Kuss an Maradona erinnert, als würden ihn die Küsse berühren.

Der Kuss stellt dabei ein außerordentliches Moment der Poesie des Lebens dar, der in seiner Intensität, Intimität und Schönheit von etwas erzählt, das sich wie ein konzentrischer Punkt des Menschseins offenbart – als die sanfte, zerbrechliche Erzählung menschlicher Unverfügbarkeit, die sich zugleich in Verletzlichkeit verdichtet hat. Mit dem Kuss ist nichts mehr punktuell.

Der norwegische Maler Edvard Munch hat mehrere Bilder angefertigt, die den Kuss thematisieren. 1892 entsteht ein Gemälde mit dem Titel *Der Kuss*. Es zeigt ein Paar am Fenster, das sich umarmt und – ineinander verschlungen – sich küsst. Die Gesichter verlaufen ineinander, sie sind nicht voneinander zu trennen, sie sind nicht unterscheidbar oder abgrenzbar. Der Kuss entkörperlicht die Liebenden, friert sie in einer Unzeit ein, ganz eingefangen in ihrer Innenwelt, die alles miteinander verschmilzt, aber auch die eigene Subjektivität aufhebt. Die Unverfügbarkeit des Kusses, die Poesie des Leben-Teilens wird dadurch spürbar, dass Munch im Verlust unterscheidbarer Individualität, die als Ich und Ich wahrgenommen wird, ein unverfügbares, unantastbares Du-Ereignis, einen dialogischen »Erlebnisakt« bestimmt. Der Verlust der Identität soll nicht den Tod der Liebenden darstellen, sondern den Akt der Selbstüberschreitung. Der Kuss bewirkt eine eigentümliche unverfügbare Transzendenz, führt »die Individualität der Liebenden zu einer höheren Blüte«, wie es einmal Ernst Jünger anmerkte. Der

Kuss überschreitet die Grenze, die verfügbare Gewalt, allein ich selbst zu sein.

Der erste Film, in dem eine Kussszene visualisiert wird, gehört zu den ersten Filmen der Filmgeschichte überhaupt. Vier Jahre nach Munchs Bild, 1896, wird William Heise die Schlussszene des Broadway-Musicals *The Widow Jones* nachstellen. 18 Sekunden. Eine Einstellung. Schwarz-weiß. Eine leiblich-romantische Zuneigung zwischen May Irwin und John Rice. Und der Film trägt den Titel *Der Kuss* (Originaltitel: *The Kiss).* Der Kuss ist kein beiläufiges Geschehen, kein flüchtiger Akt. Der Kuss ist der Film, das Geschehen selbst. 18 Sekunden, die dem Kuss gewidmet sind, haben in ihrer Flüchtigkeit, ihrer Kürze einen bleibenden Charakter. Hier wird nicht Härte, Macht, Schnelligkeit demonstriert, sondern die Langsamkeit, die kurze Weile, das Auskosten, gemeinsam ein Du zu sein. Der Film zeigt den Kuss als ein Geheimnis zwischen Du und Du, das sichtbar, aber nicht verfügbar ist, wie der französische Bildhauer Auguste Rodin sechzehn Jahre zuvor eine Bronzeskulptur nach einem Tonmodell kreierte, die dem Kuss gewidmet ist. Dabei stellt Rodin mit seiner Skulptur *Der Kuss* (Originaltitel: *Le Baiser)* ursprünglich eine Szene aus Dante Alighieris Werk *Göttliche Komödie* dar, die als Teil einer Reliefgruppe ein Paar zeigt, das sich umarmend küsst. So hat »man hat das Gefühl, als gingen hier von allen Berührungsflächen Wellen in die Körper hinein, Schauer von Schönheit, Ahnung und Kraft«[81], wie es unnachahmlich Rilke in Worte fasst. Es versinnbildlicht Francesca da Rimini und den jüngeren Bruder ihres Ehemannes Paolo Malatesta. Ein verbotener Kuss. Doch die Lippen der Liebenden berühren sich nicht. Ihr Ehemann Giovanni wird sie in diesem Augenblick entdecken und sie beide eigenhändig töten, lesen wir bei Dante.[82]

Rodin hat keinen Kuss eingefangen, wie er uns verfügbar, sichtbar und inzwischen in zahlreichen Kopien und Nachahmungen erwerbbar scheint, auch nicht den Kuss, der in seiner Intensität der Begegnung eine unverfügbare Einheit erzeugt, sondern den unterbrochenen Kuss, den Augenblick vor der unmittelbaren Berührung. Es ist der Kuss, der keiner ist.

Lebenspoesie ist immer eine geteilte Poesie, in der wir uns selbst mit*teilen*. In seiner »Goldenen Periode« hat der österreichische Maler Gustav Klimt 1907 vielleicht das populärste Gemälde des Kusses erschaffen, das auch den Titel *Der Kuss* trägt. Auch Klimt erfasst die Liebenden sinnlich, miteinander verschmolzen, aber anders als Munch und Rodin in einer ornamentalen, abstrakten Fläche, von strahlenden Goldtönen umringt. Ihre Verschmelzung ist starr, regungslos, ikonenhaft, sodass ihre leibliche Gegenwart aufgehoben scheint. Der Kuss der Liebenden wirkt in der Aura des Goldes erstarrt, betäubt, zeitlos, von unendlicher Dauer, aber dadurch auch nicht mehr greifbar, jeder Verfügung entzogen. Diese Erhabenheit wird im Kuss selbst verewigt und zugleich zurückgenommen, indem er vor einem Abgrund stattfindet, vom Fall, vom großen Fall, von der Vergänglichkeit bedroht. Der Kuss erzeugt bei Klimt die Atmosphäre einer doppelten Unverfügbarkeit, die sich zwischen zeitloser Erhabenheit und bedrängter Endlichkeit nicht entscheiden kann. Im Kuss zwischen Liebenden als der intimsten und beredtsten Form der Stille zwischen einem Du und Du geht es um die Unverfügbarkeit eines Augenblicks, dessen Zeitlichkeit hinweggenommen wird. Der Kuss hält die stillschweigende Bejahung des Anderen an. Im Kuss ist das Selbst hingegeben, regellos, ohne Erwartung. Der Kuss ist die laute und doch unhörbare Form der Selbsthingabe. Es ist kein Ich, das ein anderes Ich sucht. Es ist eine Überführung des Ichs in ein Du. Wir küssen nicht einfach den Anderen, sondern sind zugleich selbst die, die den Kuss erfahren. Daher geht es um ein Du-Geschehen, um einen Moment zwischen Du und Du. Geteilte Poesie bedeutet die Lust, ein Du zu sein.

Im religiösen Sinne kann man es auch als eine gesteigerte Form des Angenommenseins begreifen. Meine letzte religiöse Geste in Kabul vor unserer Flucht bestand darin, dass ich den Koran in den Händen hielt und in Ahnung aller Schwere, aller Trauer, die ein Kind empfinden kann, wenn der Krieg es eingefangen hat, den Koran küsste. Daher scheint der Kuss auch, einen Schlusspunkt zu setzen, ein Abschied zu sein. Doch wovon? Als mein Kuss zu Ende war und ich den Koran zurücklegte, musste ich ihn noch einmal in die Hände nehmen, um ihn erneut zu küssen. Hätte ich geahnt, dass der Abschied in Wahrheit der Abschied von mir selbst war, hätte ich den Koran nicht losgelassen.

Der Todeskuss von Judas an Jesus ist nur äußerlich eine Geste des Verrats,[83] innerlich ist er zugleich eine Geste des Abschieds, sodass Jesus mit den Worten Shakespeares hätte sagen können: »Und so im Kusse sterb' ich.«[84] Malerisch wird 1859 der italienische Künstler Francesco Hayez mit seinem Gemälde *Der Kuss* (Originaltitel: *Il bacio)* den Kuss als einen Abschiedsmoment einfangen, indem ein Paar gezeigt wird, dass sich mit dem Kuss trennen wird.

Der Kuss lässt sich nicht als Selbstermächtigung, als Aneignung begreifen, sonst wäre er bloß ein Selbstbetrug. Wer den Koran küsst, küsst nicht etwas, ein Ding, sondern es geht um die Geste der Hingabe, die allein im Akt des Kusses den Eindruck erweckt, als wäre der Küssende selbst geküsst worden.

Ist der Kuss also Ausdruck der Lebenspoesie, tatsächlich mehr als eine leere Geste, mehr als bloße symbolische Handlung oder Formsprache, deren Theatralik Voltaire bereits ablehnte? Auf jeden Fall! Durch den Kuss erfahren wir uns als ein Werdendes, das zurückkehrt, nicht den anderen erwirbt, sondern um den anderen wirbt. Gerade diese nicht funktionale, reine Form des Kusses, die nichts beabsichtigt und nichts erledigt, lässt die Küssenden selbst Form werden, zugegeben: die schönste Form, an der Poesie des Lebens teilzuhaben.

Unmittelbar nachdem Maradona 1986 den WM-Pokal überreicht bekam, hielt er ihn fest. Dann erinnerte er sich: »Erst hob ich ihn hoch, dann drückte ich ihn gegen meine Brust – wie ein Baby«[85]. Tatsächlich sind die Bilder eindeutig. Er berührt den Pokal wie sein Baby, ehrfürchtig, aber zugleich auch stolz und im Überfluss der Freude. Was er aber nicht sagte, war eigentlich das Entscheidende: der Kuss. Er nahm den goldenen Pokal, hob ihn hoch und dann – bevor er ihn an seine Brust drückte, küsste er ihn. Der Kuss gehört nicht zum üblichen Prozedere. Er arbeitet nicht seine Aufgaben ab, als Spieler, als Sieger, als Kapitän. Mit dem Kuss schaffte er einen Raum, eine Zeit für sich, für den Augenblick. Der Kuss zeigt die Intensität dieses Augenblicks, die leise Poesie einer Gegenwart, die lauter und lärmender nicht sein kann – inmitten von 114.000 Zuschauern. Mit dem Kuss ereignet sich für ihn ein Gottesmoment. Alle Blicke sind auf ihn gerichtet, die Augen der Fußballfunktionäre, der Regierungschefs, die zugegen waren, der unmittelbaren Zuschauer – und er, Maradona, küsst den WM-Pokal, als gäbe es nur ihn und ihn, zeitlos. Und genau von diesem Kuss hat er nichts erzählt, als hätte es ihn nicht gegeben. Und ich glaube ihm, blind.

10
Der Tanz

»Ich würde nur an einen Gott glauben,
der zu tanzen verstünde.«
Friedrich Nietzsche

Ist es nicht wunderbar, um Dinge herumzugehen, sich zu drehen? Ist es nicht herrlich, nicht stehen zu bleiben, um den Fluss der Dinge in sich aufzunehmen? Ist es nicht wundersam im Sich-Drehen sich nicht zu verlieren, während sich alles andere verliert? Verlieren? Verliert sich nicht alles, was wir nicht berühren, was uns nicht berührt? In Wahrheit gibt es nur den einen Sinn, der in allen Sinnen Leben schenkt. Es ist der eine Sinn, der Dinge mit den Augen berührt, indem er sie anschaut, der eine Sinn, der Dinge mit den Ohren berührt, indem er sie hört, der eine Sinn, der Dinge mit der Zunge berührt, indem er sie schmeckt, und es ist der eine Sinn, der Dinge mit der Nase berührt, indem er sie riecht. Die Schwere der Dinge, ihre Last verliert sich, wenn sie sinnlich berührt sind. Denn alles schwebt, alles beugt sich der fortwährenden Schwebe, wenn es nicht für sich ist, was es ist, sondern für den Anderen wird, was es ist.

Sich drehende Menschen tragen die Dinge mit sich, als wären sie in Wahrheit offene Hände. An keinem Ort bleibt ein Ding wie ein vergessenes Stück stehen, so wie man im Traum sorglos alles stehen lässt. Berührte Wirklichkeit umgibt die Dinge, begleitet sie, ohne sie festzuhalten. Nichts verliert seine Schönheit, seine Zärtlichkeit, wenn es der Berührung geöffnet ist, die alles mit Leben durchdringt. Die Berührung ist eine Art Umweg zu den Dingen, der seine Poesie im Sich-Zurücknehmen entfaltet. Berührung nimmt sich zurück, indem sie nicht in die Umgebung eindringt, sie vereinnahmt, sie besitzt, sondern sie sein lässt, ihren Eigensinn achtet. Denn durch die Berührung, aus der Nähe und Distanz zugleich ausstrahlen, wird nichts an einen gebunden, sondern die Berührung ist ein Ereignis der Nähe und ein Spiel der Distanz. Die Poesie zeigt sich dort, wo wir alles berühren, indem wir der eigenen Regung der Dinge, die uns umgeben, nachspüren: der Glätte der Oberflächen, der rauen Wand, der zarten Blüte, dem zerbrochenen Stein, der brennenden Kerze, dem schmerzerfüllten Blick des Vaters, den hoffnungsvollen Händen der Kinder, den versunkenen Ruinen von Kabul, die mir Nacht für Nacht erscheinen, um mich nicht vergessen zu lassen, dass sie meine Er-Innerungen sind. Die Berührung verwandelt das Vergessene, das Unbeachtete in die eigene Gegenwart.

Ist es nicht wunderbar, um Dinge herumzugehen, sich zu drehen? Wie lässt sich das Leben beschreiben, wenn nicht mit den Worten, die es selbst untrennbar von Orten und Zeiten hervorbringt? Die Drehung ist dabei eingeschlossen in die Melodie des Augenblickes, in die Erfahrung dessen, was sich uns im Jetzt zeigt, uns berührt. Ist das Jetzt, das keine Sättigung, keine Steigerung über sich hinaus zulässt, nicht ganz vollkommen? Das Jetzt als Maß der Schönheit? Doch was ist das Jetzt, wenn nicht der Augenblick, indem sich die Vergangenheit in der individuellen Innenwelt versammelt, um eine Hoffnung für morgen zu sein? Als wäre das ganze Leben in dieses Jetzt eingetreten. Nichts scheint mir im Jetzt größer, wenn ich mich drehe, um die Dinge, um die einfachen, um die flüchtigen Dinge, um die Geliebten, um die Liebenden, als die großen Verse des Korans, dass wir vor dem Antlitz des Ewigen nicht vergessen sind.[86] Unser Anfang, unser Scheitern, unser Untergang und Wiedererwachen sind nur eines, ein Gedächtnisort, von dem wir nur ein Jetzt haben und wieder ein Jetzt und wieder und immerfort. In ihm ist das Ganze überschaut.

Die Kunst, mit der der Ewige durch das Leben geht, alles füllt und erfüllt, ist die Kunst der Unverfügbarkeit. Unbegrenzt ist seine Hingabe an das kleine Leben, unbegrenzt die Hingabe, diesem Leben einen Namen zu geben. »Er ist mit euch, wo ihr auch seid«[87], höre ich aus dem Koran. Uns bleibt allein das Jetzt. Nein. Wir sind *sogar* das Jetzt. Nicht wir fließen unmerklich dahin, sondern es ist der Ewige, der über alle Dinge, über mich, über dich hinfließt. Hat nicht Mose sein Vorübergehen erfahren,[88] weil er die Herrlichkeit Gottes sehen wollte? Hat nicht der junge Goethe in einem Brief an Johann Gottfried Herder gestanden: »Ich möchte beten wie Mose im Koran: Herr, mache mir Raum in meiner engen Brust«[89]? Nichts fängt die Poesie des Lebens treffender ein, wenn es sich der Unverfügbarkeit hingibt, als der Geste des Gebets. Hier, im Gebet, drehen wir uns: um uns selbst, um die eigenen Wünsche, Träume, indem wir uns um Dinge drehen, die uns umgeben, umsorgt, besorgt. Innerhalb der islamischen Mystik hat besonders die Tradition der Derwische diese Einsicht kultiviert. Im Tanz drehen sich die Derwische stets gegen den Uhrzeigersinn, linksdrehend, in Richtung des Herzens. Dabei ist der Kopf nach rechts geneigt, die rechte Hand zum Himmel hin geöffnet und die linke Hand weist auf die Erde hin. Im Tanz sich drehend vollziehen sie ihr Gebet, ihre Zuwendung zum Ewigen. Jede

Bewegung, jede Drehung, jede Melodie, die Kleider, der Hut, die Farben haben Symbolcharakter. Ihr Leben als Suche, als Sehnsucht wird in ihrer Drehung berührbar.

Die Pilger, wenn sie die Kaaba erreicht haben, finden im »Haus Gottes« keinen Gott. Der Weg endet nicht dort, sondern die Pilgerreise findet erst dort ihren Anfang. Der Ort bewegt sie dazu, die Kaaba zu umkreisen. Die Kreise werden immer enger und enger, aber je dichter die Kreise werden, umso mehr wird die Einsicht offenbar, dass das Unverfügbare nicht berührbar ist. Das Umkreisen findet kein Ende. Ihm wird ein Ende gesetzt – berührt vom Unberührbaren. Dann herrscht Stille. Zurückkehren. Und wieder zum Gebet finden.

Im Gebet geschieht die neue Stille. Im Gebet beharre ich nicht auf dem Gewollten, verharre nicht bei dem Gewünschten; das Gebet ist ein Drehen, ein Umkreisen. Wir halten uns nicht einfach hin, wir geben uns hin. Dieses Hingeben ist ein Tanz, indem wir in allem, in jedem die Ewigkeit suchen, im Vergänglichen das Dauernde schmecken. Der mystische Theologe Aḥmad al-Ġazālī hat es treffend gesehen, wenn er schreibt: »Öffne das Auge deines inneren Gesichtssinnes! Denn es gibt im Sein nichts als Ihn.«[90]

Das Gebet ist ein weitender, entgrenzender, offener Tanz. Und der Tanz selbst ist ein offenes Gebet. Er kennt keine Richtung, kein Endziel. Er ist Bewegung, aber er muss nirgends ankommen. Ungebunden an Wegstrecken vollzieht er sich in Raum und Zeit. Weder der Raum noch die Zeit bleiben in ihm als getrennte, unversöhnte Sphären. Vielmehr werden sie erst geformt, ins Spiel gesetzt, gefüllt. Der Tanz zeigt das Leben in seiner Verkörperung, seiner Performanz. Der Tanz ist eine bewegte Kunstform, körperlich präsent, körperlich vollzogen. Und er ist Beziehung, bezogen auf andere Körper, individuell und gemeinschaftlich, bezogen auf andere Empfindungen, die Suche nach Beseeltheit, eben ein Gebet der Stille, ohne Stillstand zu sein.

Der Tanz nimmt den ganzen Menschen in Anspruch, er bindet den Menschen zu einer bewegten Einheit. Ein Gebet im Jetzt und für das Jetzt, für das Gelingen eines Moments, gegen das Vergessen, dass es dieses Jetzt gibt. Daher bleibt er nicht ein rein materieller, äußerlich-physischer Akt; vielmehr ist er zugleich auch eine emotionale, geistig-innerlich empfundene Geste. Als Erfahrung und Geste drückt er durch körperliche Verinnerlichung Gefühle gezielt und rhythmisch arrangiert aus. Der Tanz ist ein offenes Gebet, das sich als Sehnsucht nach einer Antwort darbietet, deren Frage wir nicht kennen. Daher begreift Iqbāl das Gebet als »Ausdruck des innerlichen Sehnens des Menschen nach einer Antwort in der schrecklichen Stille des Universums«.[91]

Was dabei durch Formästhetik, Gestik, Mimik und Haltung zum Ausdruck kommt, ist der Mensch selbst, indem sein Gefühl, seine Innenwelt in Bewegung lesbar wird, zur Darstellung kommt. Der Mensch: eine Frage. Was Worte und Bilder nicht ausdrücken können, weil sie jeweils für sich stehen, wird im Tanz versammelt, eingekörpert. Diese Geste stiftet im Bewegungsakt eine Beziehung zwischen dem Gefühl und seiner Darbietung. Der Tanz der Derwische wird zu einem Ruf nach dem Leben selbst. Daher lässt sich der Tanz nicht nur als Körperbewegung, sondern genauer als Körpersprache, als Lebenssprache auffassen. Seine Sprache ist der Körper in Bewegung, im Rhythmus, in der Bewegungsart und Mehrdeutigkeit des Lebens, eingefangen, entlassen im fließenden Jetzt. Darin ist er eine Kunstform, die nicht entkörpert gedacht werden kann. Zugleich ist er eine Erlebensform, die den Menschen gänzlich erfasst als eine leiblich vollzogene Religiosität.

Der Tanz als kreativer Prozess hebt den Unterschied zwischen Selbstausdruck eines Menschen mit und ohne Worte auf. Der Tanz ist ganz zum Gebet geworden, wenn wir alle Masken, alle Schleier ablegen, wenn wir in unserer Einfachheit, in unserer Unverstelltheit sein können – vor dem Antlitz des unübertrefflich Unverfügbaren, als wären wir die Gesichter, die Auguste Rodin aus Steinen erwecken ließ. Genau darin besteht der letzte Sinn des Betens: Mut und Lust, im Jetzt selbst zu sein. Oder mit den Worten Jean-Luc Nancys über den Tanz gesprochen, »singulär plural« sein. Im Gebet wie im Tanz geht es nicht um – letztlich pathologische – Vollendungsfantasien, sondern allein um die Erfahrung der Hingabe – gebunden im Augenblick.

Wenn ich heute mein Gebet verrichte – das rituelle Gebet mit seinen einzelnen, dynamischen Bewegungen auf meinem alten, an vielen Stellen abgenützten Gebetsteppich –, fühle ich mich, als würde ich in der Welt nicht in der Welt sein. Achtsam, leise bewege ich mich auf meinem Ort, umgeben von einer schönen Stille. Doch gleichzeitig spüre ich meine kleine Tochter, die im Hintergrund (auch ohne Musik) tanzt. Sie tanzt und tanzt so leise, leicht und sanft, dass sie annimmt, ich würde nichts mitbekommen. Ich sehe sie nicht, aber ihre Gebärden fließen in den Raum hinein. Im Gleichklang bewegen wir uns betend und tanzend. Ich rufe nach meinem Schöpfer, und mir fällt nichts anderes ein, als zu wünschen, dass ihr Tanz niemals aufhören möge.

Im Gebet, das sich als Tanz begreifen lässt, kommt der Mensch in Berührung mit sich selbst, indem er von sich loslässt, sich ausdrückt. Der Ruf nach dem, was größer ist als wir, größer als größer, hallt wider als Resonanz, wenn es im Koran eindrücklich heißt: »Ich höre den Ruf des Rufenden, wenn er Mich anruft«[92]. Im Gebet ist Gott nicht hörbar, nicht sichtbar, nicht spürbar, aber doch da, verborgen nah, widerhallend, aber berührend klar. Er bleibt nicht auf Distanz. Oder: in einer Distanz, die erst die Möglichkeit ist, dass er in mir widerhallt, weil ich mich ganz ihm zuneige. Nicht unähnlich wie bei einem Tanz, von dem Nancy treffend sagt: »Hier bin ich, gekrümmt von seiner Krümmung, geneigt nach seinem Winkel, angestoßen von seinem Schwung. Sein Tanz hat an meinem Platz begonnen. Er oder sie hat mich deplatziert, mich beinahe ersetzt.«[93] Der Tanz umschließt das Leben mit seinem Geheimnis. Denn er ist nicht frei von dem Ernst, der ins Gebet gelegt ist, von der Klage und der inneren Erregung, vom Zweifel und von der gebrechlichen Gewissheit.

Dabei kann man einwenden: Nicht jedes Gebet sei ein Tanz und nicht jeder Tanz sei ein Gebet. Doch wie lässt sich darüber urteilen, wann das Gebet und der Tanz jeweils für sich inmitten der Zeit geschehen, aber die Zeit aufheben, einen eigenen Raum kreieren? Erfüllt von Drehungen, die keine Bewegung sein müssen, aber körperlich empfunden, leiblich vollzogen, Nähe und Distanz erlebend, berühren sie den Menschen.

Das Gebet kann rituell vollzogen werden, wiederholt, in festen Formen und Gebärden Ausdruck finden, aber es kann auch den freien, fließenden Gang nehmen, uns überkommen. Wohin schauen die Augen im Gebet, worauf sind die Herzen gerichtet, wozu die Brust aufgetan, an welcher Berührung nehmen die Hände teil? Muss nicht erst viel Zeit über einen Menschen vergehen, bis er in sich entdeckt, was sich in der Zeit nicht ausdrücken lässt? Im Gebet steigert sich die Existenz über sich hinaus, ins Unfassliche, das der Verstand allein nicht einfangen, verrechnen kann. Daher kann der Aphoristiker Stanislaw Lec sagen: »Das Tanzen ist die Kunst, wo die Beine denken, sie seien der Kopf.«[94] Im Tanz wird dieser Akt der Hingabe ins Körperliche überführt, ins Performative, indem die Bewegungen, die Streckungen, die Krümmungen und Drehungen, mal langsam und mal schnell, mal beschleunigt und mal entschleunigt, Augenblicke der Entgrenzung hervorbringen, in denen der Körper, seine Teile sichtbar sind, aber über sich hinausweisen, sich quasi ins Unendliche erstrecken und ins Nichts versinken. Darin besteht die Poesie und das Leben-Teilen des Tanzes, seine Unverfügbarkeit.

Als 1987 die SCC Neapel mit Diego Maradona italienischer Meister wurde, stand die Stadt kopf. Das Stadion bebte. Maradona rannte unmittelbar nach dem Sieg auf das Feld, die Kameras, die Fans und die Spieler, alles auf ihn gerichtet. Er tanzte, tanzte, streckte die Hände nach oben, als wollte er »Danke« sagen, sein Kopf folgte den Händen, als wollte er den anblicken, der nicht sichtbar ist. Er tanzte, lachte, weinte und warf seinen Schuh in die Menge der Fans. Der Mann, der ihn in die Hände bekam, hielt ihn fest und drückte ihn an die Brust. Und seine Mitspieler haben für ihn in der Kabine das Lied gesungen, das erst nach seinem Tod seine volle Bedeutung gewonnen hat – und er sang mit: »O Mama, Mama, Mama, weißt du, warum mein Herz so schlägt? Ich habe Maradona gesehen!«

11
Eine Liebeserklärung

»Alle Dinge sind dazu da,
damit sie uns Bilder werden in irgendeinem Sinne.«
Rainer Maria Rilke

Ist die Liebe disziplinierbar? Hat sie eine Ordnung, eine Grammatik? Oder wohnt in ihr eine Wildheit, die ins Leben fließt, das so vollständig beherrschbar scheint, in Ordnungsregister eingetragen, makro- und mikrokosmisch. Lückenlos. So scheint es: Das Leben – eine Verkettung von Zusammenhängen von Ursache und Wirkung, in sich geschlossen. Dieser Schein, vielleicht der trügerischste Schein des Lebens, überdeckt das Leben, seine Poesie, wie der Schnee, der allem einen homogenen Ausdruck der Gleichheit verleiht. Mit diesem Schein eines lückenlosen Kausalzusammenhangs ist nicht nur das Leben in seiner logischen und zeitlichen Chronologie, womöglich als Entwicklung, vielleicht auch zielgerichtet aufgefasst, sondern Gott selbst erscheint in dieser Ordnung eingefangen, weshalb Hegel sein Hauptwerk als »Darstellung Gottes« begreift, »wie er in seinem ewigen Wesen vor der Erschaffung der Natur und eines endlichen Geistes ist.« Hybris? Das Resultat einer solchen Einsicht, die die Gedanken Gottes vor der Schöpfung im Griff hat, besteht darin, das Leben überhaupt als ein System, als ein in sich zusammenhängendes Gerüst zu begreifen. Und der dunkle Rest? Kann es überhaupt Raum und Sinn für Lebenspoesie geben? Für das Regellose? Für das Fragmentarische? Welchen Sinn, welcher Ordnung folgen Haltungen und Handlungen, die nicht in ein Register aufgeführt werden können? Die empfundene Haltung, eine Kippa zu tragen? Die Erfahrung, mit dem Kreuzanhänger auf der Brust aufzuwachen? Oder der erste Schluck Wasser, den ich trinke, nach einem langen Tag des Fastens im Monat Ramadan? Der Liebeskummer? Oder die Frau, die jeden Tag zum Grab ihres Mannes geht, stundenlang auf der Bank sitzt und ins Leere blickt? Was macht das Leben aus? Von welcher Liebe lässt sich das Leben lebenswert tragen?

Der Poesie haftet der Verdacht an, dass sie das Leben trügerisch verkläre – mit schönen Worten, mit überzogener Empfindsamkeit. Und dies sei deshalb abzulehnen, weil sie die Augen vor dem Wahren, vor dem Echten verschließe, indem ihre Worte, ihre Bilder den Schmerz, das Gebrochene, das Verletzte, das Grausame, das Unheilbare nicht in den Blick nähmen oder selbst in diesen Erfahrungen des Scheiterns Schönes, Süßes, Heiles hineinläsen. Platon fand für die Dichter keinen Ort in der Gesellschaft,[95] mistraute ihnen, weil sie nicht der Wahrheit verpflichtet seien. Der muslimische Mystiker Rūmī, selbst ein herausragender Poet, will nichts mit der Poesie zu tun haben, wenn es Menschen nicht betrübte, keine Gedichte zu rezitieren. So gesteht er: »Sonst, was hätte ich mit Poesie zu tun? Bei Gott, ich habe Poesie satt, und es gibt nichts, das mir schlechter scheint als das.«[96] Ein Leben ohne Poesie?

Heute hat Poesie überhaupt eine andere Bedeutung, meist eine dekorative. Buchhandlungen führen kaum Poetisches in ihrem Sortiment auf. Poesie hat einen marginalen Platz bei den Geschenkartikeln gefunden, neben bedruckten Tassen und Kerzenständern, inmitten vom üblichen Kitsch. Das (scheinbare) Argument: Poesie verkauft sich nicht. Aber warum? Weil sie nicht überzeugt, weil sie überflüssig geworden ist? Oder weil wir keinen Zugang mehr zu ihr finden? Vielleicht ist ihre Unverkäuflichkeit ihre Stärke, ihre Marke, dass sie nicht Teil der neo-liberalen Marktlogik geworden ist. Der Kurzfilm *Maradona's Legs* des palästinensischen Regisseurs Firas Khoury erzählt die rührende Geschichte von zwei Brüdern, die während der Fußballweltmeisterschaft 1990 ihr Stickeralbum vervollständigen wollen, um damit eine Spielkonsole zu gewinnen. Sie haben alle Sticker, außer dem unteren Teil des Maradona-Bildes, Maradonas »Beine«. Die Aufgabe ist klar, sie müssen Maradonas »Beine« finden. Und als sie nach einer langen Odyssee die »Beine« Maradonas finden, um ihr Album gegen die teure Spielkonsole Atari auszutauschen, entscheiden sie sich dagegen. Das – materiell betrachtet – wertlose Album, bestehend aus Stickern der Fußballspieler, die spätestens nach der WM niemanden interessieren werden, gewinnt einen poetischen Wert. Das Album mit Maradonas »Beinen«, ohne die es nicht vollkommen wäre, gewinnt einen symbolischen Eigenwert, unersetzbar zu sein, denn es repräsentiert ihre Hingabe.

In der Poesie ist eine Unverstelltheit des Lebens zu entdecken, nicht nur mit seinem Licht, sondern auch mit seiner Dunkelheit in Berührung zu kommen, die beinahe unerträglich ist, wie von Rilke zu lesen ist:

»und wohin du langst,
da ist alles Angst.«[97]

Ohne Poesie ist das Leben bipolar, so oder so, schwarz oder weiß. Haben wir uns daran gewöhnt, daran Gefallen gefunden, Dingen einen einzigen Namen zu geben, Menschen auf eine Eigenschaft zu reduzieren? Genau damit wird das Besondere der Poesie banalisiert und sie selbst auf einen gewöhnlichen Verschönerungswahn reduziert. Die *Schwere* der Schönheit, dass ihr insbesondere Wehmut, Trauer und Bitterkeit innewohnen, wird hier nicht entdeckt. Charles Baudelaire brachte es treffend zum Ausdruck, dass die Schönheit nicht nur Glut und Freude bedeute, sondern auch »Melancholie, Mattigkeit und Übersättigung«, also dass sie neben »inbrünstiger Lebensgier«, auch »untermischt [sei] mit Fluten der Bitternis, die Entbehrung oder Hoffnungslosigkeit zurückgelassen haben. Das Rätselhafte und die Wehmut des Bedauerns«, so Baudelaire, »gehören gleichfalls zu den wesentlichen Merkmalen des Schönen.«[98] Daher war er davon überzeugt, dass »die Freude ein ziemlich gewöhnlicher Schmuck der Schönheit« sei. Er gesteht, dass er nicht imstande sei, sich »einen Typus des Schönen vorzustellen, in dem nicht auch das Unglück zum Ausdruck käme«.[99] Die Poesie erfasst tatsächlich das Schöne, ohne dabei auf eine falsche Eindeutigkeit, eine einseitige Bestimmung reduziert zu sein, sie ist wie »etwas schwebend Ungenaues, das der Vermutung Spielraum läßt«.[100] Fließt das Leben aus jeder Enge nicht über, durchbricht es nicht jede Mauer? Man könnte vom Leben sagen, dass es stets in Bewegung und Veränderung ist, aber nicht, dass es in einer einzigen Knospe eingefaltet, in einer einzigen Eigenschaft eingeschlossen ruht. Alles Leben beugt sich dem Sturm der Vielfalt. Die Poesie, die die Schönheit trägt, hat das Leben in seiner vollen Gestalt in sich versammelt, tief in sich eingekehrt. Das Leben ist nicht unerprobt, jedes Gefühl hat etwas tief Gemischtes in sich, geöffnet zu allen Seiten. Wer kennt keinen Hunger, keinen Durst, keine Wehmut, wer kennt nicht den Augenblick der Leere, der sich über einen legt, die enge Brust, die sich nicht weiten lässt? Der Bildhauer Auguste

Rodin ließ seine Skulpturen mit dieser schweren Schönheit erwachen, als würden sie das Leben in sich aufgesogen haben und darin ruhen, wie Rilke uns erinnert: Rodin »fühlte in Baudelaire einen, der ihm vorangegangen war, einen, der sich nicht von den Gesichtern hatte beirren lassen und der nach den Leibern suchte, in denen das Leben größer war, grausamer und ruheloser«.[101] Menschen sind nicht selten schmerzhaft verlassen. Während die Zeit durch das Leben fließt, entstehen seine Narben und Wunden, sein bleibender Schmerz, seine Verzerrung, Verletzung und Gebrechlichkeit, Tag für Tag und immer mehr. Die Schatten, die Unversöhntheit formen uns. Wir nennen sie Reife, aber ihr geheimer Name ist Leben. Doch ein unentschiedenes Leben, das in Freiheit und in Unverfügbarkeit entlassen ist, dessen Schmerz süß, dessen Freude wehmütig aufscheinen. Aber wer könnte einer Mutter ins Gesicht blicken und sagen, dass alles im Grunde schön sei, während sie ihr Kind ins Grab legt? Wer kann im Schmerz eines krebserkrankten Kindes Schönheit, Frieden, Güte erblicken? Poesie des Lebens? Hingabe? Sich der Unverfügbarkeit öffnen? Und dennoch: Die Schönheit ist da, unendlich leise, unendlich blass, aber doch verborgen in der Hingabe dieser Mutter, die ihr Kind nicht als ein Stück Fleisch und Knochen sieht, das zu Staub werden wird, sondern ihr Kind, das sie ins Grab trägt, ihr liebliches, verspieltes Kind, das weiterhin einen Namen hat, dessen Wünsche, dessen Hoffnungen, dessen Unschuld nicht zu Grabe getragen werden. Ihre Liebe, die nun zum Schmerz geworden ist, ist ungebrochen, vielmehr gesteigert. In ihrer Klage, in ihrem Seufzer, in ihren langen weißen Nächten ist die schwere Schönheit eingeschrieben, die letztlich Liebe bedeutet, verletzte Liebe, unsagbare Liebe, aber sie ist Liebe, Liebe.

Der italienische Filmregisseur Paolo Sorrentino hat eine besondere Beziehung zu Diego Maradona. Als der junge Neapolitaner 1987 zu einem Spiel der SCC Neapel ins Stadion geht, um Maradonas göttliches Spiel zu sehen, ist er vor Freude elektrisiert. Doch genau in dieser Nacht bleiben seine Eltern zu Hause und werden durch eine defekte Leitung an einer Kohlenmonoxidvergiftung sterben. Überwältigt, atemlos sieht er Maradona zu, während seine Eltern ihren Atem verlieren. Er dachte, das göttliche Spiel würde auf dem Feld stattfinden, aber konnte nicht ahnen, dass das eigentliche Spiel Gottes in ihm selbst stattfand. Diese Schmerzerfahrung hat ihn tief geprägt, worüber er nicht sprechen kann, so hat er einen Film gemacht: *The Hand of God,* in dem er diesen überwältigenden Schmerz, diese wehmütige Erfahrung aufarbeitet. Der Film ist die Visualisierung seiner Lebenserfahrung, die überwältigende Glückserfahrung und im gleichen Atemzug tiefe Trauer miteinander verwoben hat. Sorrentino gesteht, dass der Film für ihn schmerzlich war. Doch er wollte Maradona zeigen, was er ihm bedeutet. Maradona ist allerdings kurz vor der Premiere gestorben. Als seine Eltern starben, wussten sie, dass er bei Maradona ist. Sorrentino scheint diese Gegenwart nicht verlassen zu haben: eine Liebeserklärung.

Filme wirken oft poetischer als die selbst empfundene Lebensrealität. Womöglich sind Filme auch realer als die Realität. Nicht die Schauspielkunst markiert den Unterschied zwischen Film und »Realität«, eine Schauspielkunst, die wir täglich anwenden, um unsere kleinen und großen Lügen zu poetisieren, sondern es ist die Kamera, die den Unterschied macht. Denn das Leben stellt eine subtile Geschichte des Suchens dar, die dann seine Poesie, seine schwere Schönheit entfalten kann, wenn es Sinn und Geschmack für den Augenblick kultiviert. Wofür muss sich der Blick öffnen, woran sich das Herz binden, wenn die Poesie des Lebens gelingen soll? Es sind die schlichten, flüchtigen, die unscheinbaren, die ungesehenen Augenblicke, ungehörten Töne, die unterbrochenen Gesten, die Stille zwischen den Worten, die wir wie eine sorgsame Kamera einfangen können: die Regentropfen auf einer Skulptur, das leise Zittern der Lippen einer Opernsängerin, der Blick der Mutter, der sich in die ersten Gehversuchen des Kindes verfangen hat, das verzerrte Gesicht der Großmutter, unmittelbar nachdem der Zug ihrer Enkelin losfährt. Oder einfach ein verstohlener Kuss, weinende Hände, erschöpfte Schultern, der Geruch der Erstausgabe eines Rilke-Bandes.

Wer vermag all die Zwischentöne, die Farben zwischen den Farben, den nicht ausgesprochenen Schmerz, die nicht gestandene Liebe, den nicht verschickten Brief und hunderte anderer Dinge benennen, die das Leben enthalten, seine Weherufe und sein Lächeln auszudrücken? Ihre endliche Schönheit gewinnen die Augenblicke des Lebens dadurch, dass sie nur einmal vorkommen, nur einmal kann man einen Menschen zum ersten Mal begegnen, keine Berührung ist wiederholbar, kein Kuss, kein Wort, keine Geste. Alles erscheint in seinem eigenen Licht, in seinem eigenen Geheimnis – durchdrungen von zeitlicher Vergänglichkeit. Aber wir müssen sie mit all unseren Sinnen berührt haben, wie Rilke die Kunst Rodins als Sinnbild des Lebens beschreibt, »über jede Stelle gegangen sein, nichts verschwiegen, nichts übersehen, nirgends betrogen haben; alle die hundert Profile kennen, alle die Aufsichten und Untersichten, jede Überschneidung. Erst dann war ein Ding da, erst dann war es Insel, überall abgelöst von dem Kontinent des Ungewissen«.[102] Vielleicht war Rilkes Ahnung zutreffend, dass Rodin seine Skulpturen für die Unendlichkeit geschaffen habe, denn das suchende Herz wird nirgends seine letzte Stille finden, wenn es in allem das Ewige erblicken lernt. Der Prophet Muhammad sagte einmal: »Gott hat allen Dingen die Schönheit eingeschrieben.«[103]

Die ehemaligen Schachweltmeister Anatoli Karpow und Garri Kasparow gehören zu den bedeutendsten Rivalen, sowohl am Schachbrett als auch politisch. Karpow verkörperte während des »kalten Krieges« die Sowjetunion, heute vertritt er die Politik Putins. Und Kasparow war immer schon der Rebell, der damals das neue Russland repräsentierte und heute als ein politischer Oppositionsaktivist tätig ist. Als Kasparow bei einer unerlaubten Demonstration gegen die Staatspolitik inhaftiert wurde, geschah etwas Unerwartetes. Er sitzt in seiner Zelle. Der Gefängnisleiter bringt ihm die neueste Ausgabe der Schachzeitschrift Nr. 64 und teilt ihm mit, dass ihm die Zeitschrift von seinem ehemaligen Rivalen Anatoli Karpow ausgehändigt wurde, der sie persönlich überbracht habe. Kasparow hält es zunächst für einen schlechten Witz, aber die Nachricht bestätigt sich: Es war Karpow persönlich. Und Kasparow begreift, dass Karpow mit seiner Geste gezeigt hat, dass es zwischen ihnen eine Bindung, eine geteilte Hingabe gibt, die alle politische Unterschiede und Rivalitäten, alles, was sie voneinander trennte, überstrahlte, eben etwas Größeres als sie selbst.

In einem viel beachteten Spiel gegen Judit Polgar hat Garri Kasparow einen Schachzug gemacht, aber sah gleich, dass der Zug für ihn Verlust bedeutet, sodass er in rasender Schnelligkeit die Figur auf ein anderes Feld hinbewegte. Es ging um eine Viertelsekunde. Doch seine schnelle Handbewegung war regelwidrig. Er gewann letztlich das Spiel, aber dieser Moment wurde von einem Fernsehteam auf Band festgehalten. Daraufhin kam es zu Betrugsvorwürfen, aber

Kasparov was überzeugt, nicht bewusst diesen Zug gemacht zu haben, sondern es sei in Anlehnung an Maradonas Worte die »Hand Gottes« im Spiel gewesen.

Die Poesie des Lebens ist eine Offenbarung dieser Erfahrung, dieser Demut, sich suchend, sehnend allen Dingen zu öffnen. Das Geständnis, diesem Leben nicht widerstehen zu können, ist letzten Ende eine Liebeserklärung. Diese Poesie ist nicht eine Bedingung, sondern die Unbedingtheit des Lebens. Unbedingtheit bedeutet, sich einem Leben hinzugeben, das ein Wagnis ist, ein Wagnis, das scheitern kann, sich verfehlen kann. Vielleicht liegt in diesem Wagnis die Wahrheit des Glücks, in einer zerbrechlichen Knospe erblühen zu wollen. Dass wir verwelken, altern, stiller und stiller werden oder mit unstillbarer Jugend vergehen, macht erst das Erblühen kostbar, eine leise Bejahung der Unverfügbarkeit zu sein.

12

Offenes Ende

»Folgt dem Schönsten (...)!«
Koran 39:55

Die Sehnsucht bleibt. Wer spricht vom Bleiben? Sehnen, Suchen führt das Leben, führt es ins Ungewisse. Leben im Vorübergang, Leben in fortwährender Neigung zum Leben selbst, Leben in der Neigung zu allen Farben, allen Düften, allen Klängen und allen Geschmäcken. Suchendes Leben wird nicht von der Gier getragen, alles haben zu wollen, sondern von der Begierde, aus der Poesie der Armut heraus sich mit dem Leben anzustecken. Ihre Armut zeigt die Poesie des Lebens in ihrer Haltung zu den Dingen, die sie nicht haben, nicht besitzen und nicht beherrschen will. Sie entfaltet sich im Weniger: weniger nehmen, mehr geben, weniger sagen, mehr hören, weniger belehren, mehr lernen, weniger verurteilen, mehr verstehen, weniger sich über andere erheben, mehr bescheiden sein, weniger ich, mehr du, kurz: weniger Prosa, mehr Poesie.

Das pulsierende Leben will keinen Zustand, keinen Stillstand, kein Verweilen, keine distinkte Trennung und Spaltung, sondern Fluss, Streben, Verbindung, weil es nach Resonanz hungert.[104] Die Logik der Verfügbarkeit beherrscht aber unsere Gegenwart, wie Hartmut Rosa festhält, in vierfacher Hinsicht, indem sie erstens nach Sichtbarkeit, zweitens Erreichbarkeit, drittens Beherrschbarkeit und viertens nach Nutzbarkeit bestrebt ist.[105] Aber in letzter Konsequenz wird diese Gier scheitern oder, wie Rosa es auffasst, in ihr Gegenteil umschlagen.[106]

Woher wir kommen, wohin wir gehen, wonach wir suchen, wonach wir fragen: Nichts davon ist einfach gegeben. Nichts verleiht unserer Gegenwart schärfere Züge als die Allgegenwart der Unverfügbarkeit. Nicht die Ohnmacht, sondern die Einsicht in das Vermögen des Unkontrollierbaren, Unbeherrschbaren bestimmt unser Selbstverständnis in einer Welt, die in ihren Gründen und Bezügen ebenso unverfügbar ist. Dabei ist die Gegenwart weder Widerfahrnis noch entronnen-unverfügbare Vergangenheit oder eine noch-nicht-unverfügbare Zukunft. Vielmehr zeigt sich die Gegenwart als das Ereignis der Unverfügbarkeit. Diese Gegenwart ist zutiefst ambivalent. Sie geschieht mitten in Kontrolle und Selbstkontrolle, in Sicherheitswahn und Überwachung, in Machtbewahrung und Vermögenssicherung, in Verfügbarmachen der Welt, der Umwelt und der Mitwelt. Daher kann Harmut Rosa in soziologischer Sicht feststellen, dass »die Welt schlechterdings zum Aggressionspunkt geworden ist«[107]. Die Frage ist, wie wir mehr Mensch sein können, qualitativ freier, beziehungsfähiger und letztlich glücklicher. Die Frage ist, ob das Sich-Einlassen auf die Unverfügbarkeit nicht stiller Widerstand bedeutet gegen die Pathologien der Gegenwart, die sich verstärkt in Logiken der Vernetzung Wohlfühlräume geschaffen haben, um mit immer mehr Unsichtbarkeit der Netze globale Verfügbarkeit zu suggerieren. Nichts ist verfügbar, aber alles vernetzt. Nicht die Digitalisierung, sondern die digitale Bemächtigung des Lebens untergräbt Leiblichkeit, Unerreichbarkeit, Ferne und somit Sehnsucht, weil sie alles, das Heilige und das Profane, das Lebendige und das Tote, das Mythische und das Mystische im Netz der Verfügung bereithält. Sexuelle Verfügbarkeit suggeriert Leib, wo allein der Körper sichtbar ist, ökonomische Verfügbarkeit suggeriert Vermögensgewalt, wo allein Zahlen sichtbar sind, kommunikative Verfügbarkeit suggeriert Freundschaft, Anteilnahme und Nähe, wo keine Verbindlichkeit, keine Distanz, keine Begegnung von Du und Du gegeben sind. Die Poesie des Lebens wird untergraben, wenn das Leben auf ein Projekt des Findens reduziert wird: Man muss sein Glück finden, seinen optimalen Körper, seinen Traumjob, seinen Seelenverwandten. Ein Finden, das einen eigenen Marktwert gewonnen hat, sodass man nicht einmal mehr selbst suchen muss. Es wird für einen gefunden, als wäre das Leben eine Immobilie. Diese kriminologische Sicht der Wirklichkeit, die auf eine »finale Wahrheit«[108] fixiert ist, wie Byung-Chul Han hervorhebt, entpoetisiert das Leben, weil sie Suchen, Nicht-Finden, Verfehlen, Scheitern, Unverständnis, bleibende Ungewissheit, letztlich Kunst überhaupt entwertet.

Geteilte Lebensform, die in der Demut der Gabe, über die wir nicht verfügen, verankert ist, befreit von Verfügungsfantasien, macht frei für ein Wir, das sich im Unverfügbaren gegründet sieht. Wir verfügen nicht über unsere Herkunft, nicht über unser Geschlecht, nicht über unsere sexuelle Orientierung. Verfügen wir überhaupt über uns selbst, über unseren Willen und Ziele (eine Vorstellung, die spätestens Sigmund Freud nachhaltig erschüttert hat)? Verfügen wir über unsere Liebe, unser Dasein, unser Leben, unseren Tod? Verfügen wir über unseren Glauben, über unseren Anfang, unser Ende, unseren Gott? Erzwingen wir die Liebe, geraten wir in Atemnot, in die Enge und Zwänge, die uns unser Dasein zum Streitgegenstand machen. Wollen wir um jeden

Preis leben, bedingungslos, so verliert das Leben seine Qualität, es degradiert sich zu einer quantitativen Verlängerung eines funktionierenden Organismus. Beherrschen wir unseren Tod, indem wir selbst über den Zeitpunkt und die Weise entscheiden wollen, eben darüber verfügen wollen, wann und wie sich unser Tod ereignet, so nehmen wir vielleicht einen Teil unserer Würde in die eigene Hand, nehmen uns unseren Schmerz bewusst hinweg, aber was wir dabei verlieren, ist das Unerwartete, das nicht errechnete Ende, das von Grund auf dem Leben eingeschrieben ist. Beherrschbar wird ein Stück Sterben, indem es zum kontrollierten Sterben wird, aber nicht der Tod selbst.

Es ist die Lust am Leben selbst, die Dankbarkeit, die das Suchen hervorbringt. Suchen bedeutet Fragen – mit allen Sinnen. Suchendes Leben schließt den Schmerz, die Trauer, das Scheitern nicht aus. Die letzten Worte, die Maradona kurz vor seinem Tod sagte, waren: »Ich fühle mich schlecht.« Es sind weltliche Worte, die wir immer wieder sagen. Haben sie aber eine andere Bedeutung, wenn sie unsere letzten Worte sind? Daraufhin legte sich Maradona hin, allein. Was hat er gesehen, woran hat er gedacht, an welchen Fehler, an welches Versäumnis, an welche Berührung, welchen Kuss, welches Tor? Und sein letzter Seufzer? Das Ende bleibt offen. Und Maradona ist nicht zu Ende erzählt.

Das Leben mit einem offenen Ende ist unbeschützt, unversichert. Muss man es verbergen? Muss man es verstellen? Auf ein Ende hin durchdenken? Das Wort Geheimnis hat mit der Zeit sein Geheimnis verloren. Es ist Zeit, es wiederzuentdecken, nicht in einem neuen Sinn, nicht gegen die Vernunft, aber sehr wohl als Einsicht in die Unverfügbarkeit.

Ich merke, dass mich der Gedanke an das Ende in Unruhe versetzt. Ich unterbreche das Schreiben. Es ist Nacht.

Alles schläft. Nur ein fernes Licht ist sichtbar. Da ist noch kein Ende angekommen. Ich sehe meinen Koran, finde aber keine Kraft, ihn zu lesen. Da bleibt mein Blick an dem Koran haften. Ich berühre ihn sanft mit meiner Handfläche, als würde er empfinden, dass ich da bin.

Ich höre seine Stimme in meinem inneren Ohr, immer und immer wieder, seine Bilder, seine Metaphern ziehen vor meinem geistigen Auge vorbei, und ich finde mich in vielen Erzählungen wieder, in Fragmenten, in Gefühlen, in Hoffnungen, selbst in seinen Widersprüchen. Die Erinnerung an meine Kindheit, an meine Jugendjahre im Krieg und auf der Flucht fließen mit. Es sind keine fertigen Geschichten, merke ich, die man hinausschaffen sollte, um sie zur Schau zu stellen oder sie sich auf der Haut zu tätowieren. Es ist keine Rede vom Schicksal, kein Zeichen von Vollendung. Ihnen allen fehlt das Ende, als würde es seine Unberührtheit bewahren wollen.

Als Maradona in einer Fernsehshow gefragt wurde, was er zu sich selbst auf dem Friedhof sagen würde, sagte er: »Danke an den Ball. Ja, ich würde auf den Grabstein schreiben: ›Danke an den Ball.‹« Wenn sich ein Leben vom Ende her in Dankbarkeit ausdrücken lässt, dürfte es seine Poesie entdeckt haben. Jede Tätigkeit, jedes Spiel kann als göttlich aufscheinen, wenn man von ihm sagen kann, was Maradona über Fußball sagen konnte: »Es ist, als würde ich den Himmel mit meinen Händen berühren.«

Anmerkungen

1 Rilke, R. M.: »Ich fürchte mich so vor der Menschen Wort«, in: Sämtliche Werke. Bd. 1. Frankfurt a. M. 1955, S. 194f.
2 Vgl. Koran 48:10.
3 Schiller, F.: Über die ästhetische Erziehung des Menschen (1795). Nationalausgabe, Bd. 20. Weimar 1962, S. 357.
4 Vgl. Willemsen, R.: Der Knacks. Frankfurt a. M. 2008, S. 94.
5 Vgl. Schlegel, F.: Gespräch über die Poesie (1800). Kritische Ausgabe, hg. v. Ernst Behler u.a., Bd. 2. Paderborn u. a. 1959, S. 323.
6 Platon: Gesetze Buch I–VI. Bd. 8/1, in: Platon: Werke in acht Bänden. Griechisch u. deutsch. Griechischer Text v. É. D. Places. Übers. v. K. Schöpsdau. Bearb. v. K. Schöpsdau. Hg. v. G. Eigler. Darmstadt 2001, 644 d.
7 Siehe hierzu Gadamer, H.-G.: Wahrheit und Methode. Grundzüge einer philosophischen Hermeneutik. Gesammelte Werke, Bd. 1. Tübingen 1990, S. 115.
8 Vgl. Schiller, F.: Über die ästhetische Erziehung des Menschen (1795). Nationalausgabe, Bd. 20. Weimar 1962, S. 312.
9 Martin Heidegger übersetzt Heraklits Fragment B 52 mit den Worten: »Das Seinsgeschick: ein Kind, das spielt.« Heidegger, M.: Der Satz vom Grund. Pfullingen 1971, S. 188.
10 Vgl. Nietzsche, F.: »Die Philosophie im tragischen Zeitalter der Griechen«, in: Werke in drei Bänden. München 1954, Band 3, S. 375.
11 Marx, K.: Zur Kritik der Hegelschen Rechtsphilosophie. Einleitung (1844, MEW, Bd. 1). Berlin 1981, S. 378.
12 Borchert, W.: An diesem Dienstag. Neunzehn Geschichten aus der Zeit der Nachkriegsliteratur. Hamburg 2018, S. 42
13 Ebd.
14 ʿAttar: Vogelgespräche und andere klassische Texte. Vorgestellt von Annemarie Schimmel. München 1999, S. 231.
15 Rosa, H.: Unverfügbarkeit. Wien/Salzburg 2018, S. 7.
16 Zit. n. Feuerbach, L.: Das Wesen des Christentums. Berlin 1956, S. 201.
17 Rilke, R. M.: Sämtliche Werke. Band 5. Frankfurt a.M. 1955, S. 190.
18 In soziologischer Hinsicht analysiert Hartmut Rosa die Geburt im Spannungsfeld der »Verfügbarkeits- und Resonanzorientierung«. Vgl. Rosa, H.: Unverfügbarkeit. Wien/Salzburg 2018, S. 71–75.

19 Sophokles: König Ödipus. Übers. v. K. Steinmann. Hg., komm. und mit einem Nachwort versehen v. H.-D. Blume. Kitzingen 2019, Zeile 1225.

20 Kant weist darauf hin, dass es »notwendige Idee« sei, »den Akt der Zeugung als einen solchen anzusehen, wodurch wir eine Person ohne ihre Einwilligung auf die Welt gesetzt und eigenmächtig in sie herüber gebracht haben.« Kant, I.: Metaphysik der Sitten: Metaphysische Anfangsgründe der Rechtslehre, 1. Teil, § 28.

21 Kierkegaard, S.: Die Wiederholung. Versuch in der experimentierenden Psychologie des Constantin Constantius. Übers. v. L. Richter. Frankfurt a.M. 1984, S. 62f.

22 Koran 7:72. Hier und im Folgenden zitiert nach: Der Koran. Vollständig u. neu übersetzt v. A. M. Karimi. Mit einer Einführung hg. v. B. Uhde. Freiburg i. Br. [2]2014.

23 Willemsen, R.: Der Knacks. Frankfurt a. M. 2008, S. 47.

24 Vgl. hierzu Rūmī, M. Ǧ.: Das Maṯnavī. Sechstes Buch. Aus dem Persischen übertr. v. B. Meyer, K. Azar u. J. D. Azar. Herrliberg 2012, Vers 754.

25 Arendt, H.: Vita activa oder Vom tätigen Leben. München 1996, S. 215 ff.

26 Hegel, G. W. F.: Jenaer Systementwürfe III. Naturphilosophie und Philosophie des Geistes. Hg. v. R.-P. Horstmann. Hamburg 1987, S. 172.

27 Koran 91:4.

28 »Das Haus ist schwarz« (Original: Ḫāneh siāh ast). Regie: Forugh Farrochzād. Erscheinungsjahr: 1962.

29 Koran 3:185.

30 Vgl. Koran 28:88.

31 Zu einer dezidiert soziologischer Engführung dieser Frage vgl. Rosa, H.: Unverfügbarkeit. Wien/Salzburg 2018, S. 94–98.

32 Psalm 103,15–6. Zitiert nach: Die Bibel. Einheitsübersetzung der Heiligen Schrift. Gesamtausgabe. Stuttgart 2016

33 Koran 4:78.

34 Rilke, R. M.: Sämtliche Werke. Band 5. Frankfurt a. M. 1955, S. 156.

35 Koran 57:4.

36 Zit. n. Vetheim-Ostrau, H.-H. v.: »Letzte Begegnung mit Iqbal«, in: Muḥammad Iqbāl und die drei Reiche des Geistes (Muhammad Iqbal and the Three Realms of the Spirit). Bd. 3. Hg. v. W. Koehler. Die Schriftenreihe des Deutsch-Pakistanischen Forums. Hamburg 1977, S. 65.

37 Koran 17:85.

38 Benjamin, W.: Kairos. Schriften zur Philosophie. Ausgewählt und mit einem Nachwort von R. Konersmann. Frankfurt a. M. 2007, S. 120. Benjamin hat terminologisch eine ganz eigene Differenzierung von »Leib« und »Körper«. die nicht der gängigen Wortverwendung entspricht.

39 Koran 50:16.

40 Koran 2:186.

41 Vgl. z. B. Koran 2:255.

42 Muslim: Ṣaḥīḥ. Beirut 1427/2007, Ḥadīṯ-Nr.: 1955.

43 Vgl. Koran 2:177.

44 Al-Ġazzālī, A. I.-M.: At-Tarǧīd fī kalimat at-tauḥīd. Der reine Gottesglaube. Das Wort des Einheitsbekenntnisses. Eingeleitet, übersetzt und kommentiert v. R. Gramlich. Wiesbaden 1983, S. 18.

45 Exodus/2 Mose, 3,5. Hier und im Folgenden zitiert nach: Die Tora: Die Fünf Bücher Mose und die Prophetenlesungen (hebräisch-deutsch) in der revidierten Übersetzung von Rabbiner Ludwig Philippson. Hg. v. W. Homolka, H. Liss und R. Liwak. Freiburg i. Br. 2021.

46 Koran 6:76–78.

47 Koran 6:79.

48 Balagué, G.: Maradona. »Fußball ist mein Glück«. Die Biographie. Aus dem Englischen von R. Jariv u. S. Kerkhoffs. Hamburg 2021, S. 411.

49 Zitiert nach as-Sarrāǧ: R. Gramlich, Islamische Mystik. Sufische Texte aus zehn Jahrhunderten. Stuttgart/Berlin/Köln 1992, S. 59.

50 Zitiert nach as-Sarrāǧ: R. Gramlich, Islamische Mystik. Sufische Texte aus zehn Jahrhunderten. Stuttgart/Berlin/Köln 1992, S. 55.

51 Koran 35:15.

52 Koran 7:134.

53 Im Koran 6:103 heißt es programmatisch: »Nicht erreichen Ihn die Blicke, aber Er erreicht die Blicke.«

54 Koran 7:143.

55 Exodus/2 Mose 33:18.

56 Exodus/2 Mose 24:17.

57 Maulana Dschelaladdin Rumi: Von Allem und vom Einen. Aus dem Persischen u. Arabischen v. A. Schimmel. Kreuzlingen/München 2011, S. 103.

58 Koran 7:143.

59 Exodus/2 Mose 33:20.

60 Exodus/2 Mose 33:11.

61 Koran 7:144.

62 ʿAttar, F.: Vogelgespräche und andere klassische Texte. Vorgestellt u. übertr. v. A. Schimmel. München 1999, S. 208f.
63 Vgl. This Is Us: US-amerikaniche Serie (6 Staffeln, 106 Episoden). Idee: Dan Fogelman. 2016–2022, Staffel 5, Episode 2, Minute: 13:56–19:45
64 Rosa, H.: Unverfügbarkeit. Wien/Salzburg 2018, S. 7.
65 Schimmel, A.: Muhammad Iqbal. Prophetischer Poet und Philosoph. München 1989, S. 143.
66 Benjamin, W.: »Charles Baudelaire. Ein Lyriker im Zeitalter des Hochkapitalismus«, in: Gesammelte Schriften. 1. Band. Hg. v. R. Tiedemann und H. Schweppenhäuser. Frankfurt a.M. 1991, S. 683.
67 Schiller, F.: »Poesie des Lebens«, in: Gedichte. Auswahl und Anmerkungen v. N. Oellers. Stuttgart 2003, S. 137.
68 Ebd.
69 »Und haltet fest allesamt an Gottes Seil, und spaltet euch nicht! Und gedenkt der Gnade Gottes, die euch trägt« (Koran 3:103).
70 Koran 18:109.
71 Koran 50:16.
72 Schiller, F.: »Poesie des Lebens«, in: Gedichte. Auswahl und Anmerkungen v. N. Oellers. Stuttgart 2003, S. 137.
73 Koran 13:28.
74 Balagué, G.: Maradona. »Fußball ist mein Glück«. Die Biographie. Aus dem Englischen von R. Jariv u. S. Kerkhoffs. Hamburg 2021, S. 413.
75 Vgl. Koran 6:103.
76 Schimmel, A.: Muhammad Iqbal. Prophetischer Poet und Philosoph. München 1989, S. 144.
77 Iqbal, M.: »Die Botschaft des Ostens«, in: Muhammad Iqbal: Die Botschaft des Ostens. Ausgewählte Werke. Hg. v. A. Schimmel. Tübingen/Basel 1977, S. 168.
78 Rilke, R. M.: »Herbst«, in: Gedichte. Auswahl und Nachwort v. D. Bode. Stuttgart 2001, S. 81.
79 Rilke, R. M.: »Liebe auch läßt sich den Wellen vergleichen«, in: Sämtliche Werke. Band 3. Frankfurt a.M. 1955, S. 539.
80 Casanova, G.: Erinnerungen aus galanter Zeit. Villingen-Schwenningen 2015, S. 126.
81 Rilke, R. M.: Sämtliche Werke. Band 5. Frankfurt a.M. 1955, S. 164.
82 Vgl. La Divina Commedia di Dante Alighieri. Übers. v. K. Witte. Berlin 1916, Circle 2, Canto 5.
83 Vgl. Matthäus 26,48ff.
84 Shakespeare, W.: »Romeo und Julia«, in: Shakespeares dramatische Werke. Über. v. W. Schlegel und L. Tieck. Hg. v. A. Brandt. Vierter Band. Leipzig/Wien 1897–1899, S. 109.

85 Balagué, G.: Maradona. »Fußball ist mein Glück«. Die Biographie. Aus dem Englischen von R. Jariv u. S. Kerkhoffs. Hamburg 2021, S. 297.
86 Vgl. u. a. Koran 35:45.
87 Koran 57:4.
88 Vgl. Exodus/2 Mose 33:22.
89 Vgl. Koran 20:25.
90 AlĠazzālī, A. I.-M.: At-Tarǧīd fī kalimat at-tauḥīd. Der reine Gottesglaube. Das Wort des Einheitsbekenntnisses. Eingeleitet, übersetzt und kommentiert von R. Gramlich. Wiesbaden 1983, S. 18.
91 Iqbal, M.: Die Wiederbelebung des religiösen Denkens im Islam. Übersetzt aus dem Englischen und Herausgegeben v. A. Monte und T. Stemmer. Stuttgart 2003, S. 1 20.
92 Koran 2:188.
93 Nancy, J.-L.: Ausdehnung der Seele. Texte zu Körper, Kunst und Tanz. Zürich 2015, S. 41.
94 Lec, S. J.: Unfrisierte Gedanken. Aphorismen. Berlin 1978, S. 7.
95 Platon: Der Staat. Bd. 4, in: Platon: Werke in acht Bänden. Griechisch u. deutsch. Griechischer Text v. É. Chambry. Übers. v. F. Schleiermacher. Bearb. v. D. Kurz. Hg. v. G. Eigler. Darmstadt 2001, u.a. 398 a und 595 bc.
96 Maulana Dschelaladdin Rumi: Von Allem und vom Einen. Aus dem Persischen u. Arabischen v. A. Schimmel. Kreuzlingen/München 2011, S. 153.
97 Rilke, R. M.: »Erste Rosen erwachen«, in: Gedichte. Auswahl und Nachwort v. D. Bode. Stuttgart 2001, S. 18.
98 Zit. n. Charles Baudelaire in Selbstzeugnissen und Bilddokumenten. Dargestellt v. P. Pia. Hamburg 1970, S. 85.
99 Ebd.
100 Ebd.
101 Rilke, R. M.: Sämtliche Werke. Band 5. Frankfurt a. M. 1955, S. 152.
102 Rilke, R. M.: Sämtliche Werke. Band 5. Frankfurt a. M. 1955, S. 216.
103 Muslim: Ṣaḥīḥ. Beirut 1427/2007, Ḥadīṯ-Nr.: 1955.
104 So auch die These von Hartmut Rosa, die er im Anschluss an Maurice Merleau-Ponty eindrücklich begründet. Vgl. Rosa, H.: Unverfügbarkeit. Wien/Salzburg 2018, S. 37–47.
105 Vgl. Rosa, H.: Unverfügbarkeit. Wien/Salzburg 2018, S. 21–24.
106 Vgl. Rosa, H.: Unverfügbarkeit. Wien/Salzburg 2018, S. 25–36.
107 Rosa, H.: Unverfügbarkeit. Wien/Salzburg 2018, S. 12.
108 Han, B.-C.: Vom Verschwinden der Rituale. Eine Topologie der Gegenwart. Berlin 2019, S. 195.

Dank

Die Vollendung des Buches ist mit der angenehmen Pflicht verbunden, Danke zu sagen. Insbesondere danke ich der Programmleiterin der Verlagsgruppe Patmos, Frau Claudia Lueg, die mit ihrer klugen Empfindsamkeit für die Poesie des Lebens das Buchprojekt ins Verlagsprogramm aufgenommen hat. Die reibungslose und perfekte Zusammenarbeit mit dem Verlag Patmos hat die Lust am Schreiben gesteigert. Meinem feinsinnigen Lektor, Herrn Dr. Ulrich Sander, danke ich für seine Geduld, seinen korrektiven und kreativen Ideen, die zur besseren Qualität des Buches geführt haben. Meiner Familie danke ich für die Musik, die im Hintergrund die Entstehung des Buches begleitet hat: für den Gesang meiner Frau im Hintergrund, für die Klaviertöne meines Sohnes an meiner Seite und für den Klang von »Liebeslied« durch die Stimme meiner Tochter. Die Musik dürfte im Buch hörbar sein, so habe ich darauf verzichtet, ein eigenes Kapitel über die Musik als Poesie des Lebens zu verfassen.

Zum Autor

Dr. Ahmad Milad Karimi, geboren in Afghanistan, ist ein deutscher Religionsphilosoph und Islamwissenschaftler. Er ist Professor für islamische Philosophie und stellvertretender Leiter des Zentrums für Islamische Theologie Münster. Der Autor einer deutschsprachigen Koran-Übersetzung ist zugleich Schriftsteller und Publizist, seit 2021 moderiert er die Sendung »Sternstunde Religion« im Schweizer Radio und Fernsehen (SRF).